湖南省社科基金项目资助
哈尔滨师范大学博士科研启动基金项目资助

网络交易中的消费者隐私权保护研究

朴成姬 著

哈尔滨工业大学出版社

内 容 简 介

本书主要介绍了如何在网络交易环境中保护消费者的隐私权。在电子商务环境中，隐私更多地表现为个人信息，个人信息的有效利用不仅能节约社会发展成本，还能为社会经济带来巨大的利益，但也存在因滥用个人信息而侵害消费者隐私权的隐患，因此有必要对个人信息的利用加以规制。

全书共分四章：第一章介绍了隐私权及网络隐私权；第二章介绍了网络交易中的消费者隐私权；第三章介绍了保护网络交易中消费者隐私权的必要性；第四章介绍了完善网络交易中消费者隐私权保护的路径。本书旨在唤起消费者的自我保护意识，同时为推动我国在保护消费者隐私权特别是网络交易中的消费者隐私权方面的立法进程做出贡献。

本书可供从事民法相关专业的研究人员与网络安全技术人员参考，也可作为相关专业本科生或研究生的学习用书。

图书在版编目（CIP）数据

网络交易中的消费者隐私权保护研究/朴成姬著. — 哈尔滨：哈尔滨工业大学出版社，2021.9（2024.6 重印）
ISBN 978-7-5603-4337-2

Ⅰ.①网… Ⅱ.①朴… Ⅲ.①网上交易-消费者权益保护-研究-中国 Ⅳ.①D923.84

中国版本图书馆 CIP 数据核字（2021）第 163508 号

策划编辑	王桂芝
责任编辑	赵凤娟
出版发行	哈尔滨工业大学出版社
社　　址	哈尔滨市南岗区复华四道街 10 号　邮编 150006
传　　真	0451-86414749
网　　址	http://hitpress.hit.edu.cn
印　　刷	辽宁新华印务有限公司
开　　本	720 mm×1 000 mm　1/16　印张 9　字数 146 千字
版　　次	2021 年 9 月第 1 版　2024 年 6 月第 2 次印刷
书　　号	ISBN 978-7-5603-4337-2
定　　价	68.00 元

（如因印装质量问题影响阅读，我社负责调换）

前　言

《中华人民共和国民法典》对公民享有的权利做出了一系列规定，其中最具私密特点且不可侵犯的就是隐私权。从全世界范围来看，有关隐私权的研究已经非常成熟，是能够上升为"人权""人格尊严"高度的一项重要的民事权利。

在传统交易模式下，消费者在与经营者进行交易的过程中，其隐私权受到侵犯的可能性并不大，这从我国最近一次（2013年）在对《中华人民共和国消费者权益保护法》进行修改之际，没有将隐私权作为消费者的一项权利做出规定就可以看出。立法或修法的目的是适应社会发展的需要，当消费者在交易过程中隐私权被侵犯的现象非常普遍且严重时，立法者会及时针对此问题做出相应的规定，为社会经济稳定发展提供法律保障。不过，鉴于实践中很多经营者在交易过程中收集或处理消费者个人信息不当的现象愈演愈烈，在《中华人民共和国消费者权益保护法》中增加了有关个人信息保护的规定。就隐私权与个人信息保护的关系而言，二者在内涵、基本属性、义务主体、侵权形态、救济方式等方面存在不同，是两个相互独立的民事权利，这也是《中华人民共和国民法典》分别对隐私权与个人信息保护做出规定的原因所在。

隐私权与个人信息保护虽然是两种不同的权利，但需要注意的是，随着现代信息技术的不断发展，一些现实生活中本不属于隐私的个人信息却在网络环境下构成了个人的"核心隐私"，当经营者侵犯消费者的这些个人信息时，就等于侵犯了消费者的隐私权。也就是说，随着网络交易的不断发展，消费者有关个人信息保护的权利受到严重威胁，与此同时，作为自然人的消费者的隐私权也面临着巨大危胁，可以说，二者是呈正比的关系，消费者的个人信息受到多大的威胁，消费者的隐私权就面临着多大的威胁，因为在网络环境下，个人隐私通常表现为一种个人数据的组合。目前，个人信息问题成为热点问题，全世界各国及国际组织纷纷对个人信息保护问题进行了深入而广泛的研究。我国近几年也紧锣密鼓地制定了很多网络安全与个人信息安全方面的法律法规。在关注个人信息保护的同时，我们应当认识到隐私权也正在面临着巨大的威胁。

隐私权不同于其他个人权利，对每个人而言，它是一项极为重要的一次性权利，因为隐私权一旦被侵犯过一次，相应的"隐私"便不再是"隐私"，也再无可能转换为"隐私"，因为该"隐私"已处于公开或半公开的状态，不再具备隐私应当具备的"私密性"。这无关是被自己以外的少数人知晓还是被全世界知晓，隐私权只要被侵犯一次，隐私就不再是自己的秘密。在只有提交个人信息才能进行的网络交易中，消费者隐私权被侵犯的概率比一般民事主体要高。另外，消费者是支撑网络交易发展的重要力量，无论是从民事主体权益保护的角度，还是从推动网络交易可持续发展的角度，都应当对消费者隐私权保护问题进行全面研究。

在网络交易中的消费者隐私权保护规范设计上，应当注重事前防范，坚持预防为主的原则，不给侵犯隐私的行为留余地。这不仅要求规范在逻辑上严谨，还要求有相应的网络及信息安全技术作为支撑，并将这些技术内容作为相关立法的一部分，使立法更具科学性和可操作性。

互联网本身的全球性、无国界性的特点及经济的区域化和全球化的发展决定了网络隐私权保护绝非一国范围内的问题，而是需要全世界各国共同解决的国际性问题。因此，应当加强网络空间国际交流与合作，共同构建和平、安全、开放、合作、有序的网络空间，为全球网络交易的顺利发展提供优良的法律环境。

前　言

在这里，感谢湖南省社科基金项目（15YBA075）及哈尔滨师范大学博士科研启动基金项目（1305121224）的资助，感谢所有在本书写作及出版过程中给予过帮助的家人和朋友。

由于作者水平有限，书中难免存在不足之处，恳请各位同人批评指正。

朴成姬

2021 年 5 月

目 录

第一章 隐私权及网络隐私权 1

第一节 隐私权 1
第二节 网络隐私权 12

第二章 网络交易中的消费者隐私权 37

第一节 消费者概述 37
第二节 消费者的网络隐私权 53

第三章 保护网络交易中消费者隐私权的必要性 62

第一节 网络交易发展的主要影响因素 62
第二节 我国消费者网络隐私权保护制度现状 74

第四章 完善网络交易中消费者隐私权保护的路径 93

第一节 加强网络交易领域的立法规制 94
第二节 强化网络隐私权的司法保护工作 100
第三节 加强信息处理者的义务和责任 102
第四节 相关行政机关职能分工的明确化及各行政机关相互协作的强化 ……112

第五节 加强网络隐私权保护技术 …………………………………………… 120

第六节 加强消费者教育，提高消费者自我保护意识 …………………… 122

第七节 推动国际协作 …………………………………………………… 125

参考文献 ……………………………………………………………………… 128

第一章

隐私权及网络隐私权

隐私权是随着社会的发展而产生的一项人格权,保护隐私权已成为现代社会文明的重要标志。网络隐私权是一般隐私权在网络环境下的延伸。国内的网络隐私研究大约始于20世纪90年代末。进入21世纪以后,这一领域的研究呈现出蓬勃发展的趋势。[1]

第一节　隐私权

一、隐私权的由来

隐私权随着个人主义的诞生而诞生,并随着中产阶级的兴起而声势日隆。在法律上,隐私权概念的提出始于美国。[2] 19世纪的美国人对随着家庭生活的界限而产生的隐私权相当重视。[3] 1890年,美国私法学者路易斯·D.布兰代斯和萨缪尔·D.沃伦在《哈佛法律评论》(*Harvard Law Review*)上发表了《论隐私权》一文,首次提出了隐私权(right to privacy)的概念。从此以后,隐私权才开始受到学者们的承认和广泛重视。在《论隐私权》一文中,布兰代斯和沃伦认为,隐私权是保护"不

---

[1] 孙丽. 网络隐私研究回顾与前瞻[J]. 青年记者,2019(21):67.
[2] 王利明. 隐私权的新发展[J]. 人大法律评论,2009(1):4.
[3] 田晟. 西方政务公开和隐私权的由来[J]. 新民周刊,2013(25):37.

可侵犯的人权"的必要手段。[1] 这是一篇被称之为具有"开拓性"的论文，在此后的近半个世纪里，美国法学家普遍对隐私权产生了兴趣，并发表了大量文章研究隐私权理论，与此同时，美国法官开始通过判例确认隐私权为一项独立的权利。[2] 自1903年开始，美国各州先后在普通法或者判例中确认了"私生活的权利"。1928年，美国联邦最高法院的法官表示，凡对于侵犯个人隐私权的国家行为，皆被视为违反宪法修正案第4条的行为。该判决确立了隐私权的重要地位，即使政府也不能随意侵害他人隐私权。此后，美国的《美国隐私权法》《家庭教育权利及隐私法》等一系列保护隐私权的法律规范使美国的隐私权保护呈现出专业化趋势。[3]

在英美法系国家，隐私权实际上发挥着相当于大陆法上的一般人格权的功能，对个体私生活进行概括的保护。但在大陆法系国家，因不可避免地受到定型化民法典的影响，德法在相当长的时期内都是通过对人身权一般性条款的扩张性解释以涵盖隐私权保护的需要，且隐私权的地位处于权利等级的较低层次，属于人身权法中由一般人格权统摄的具体权利类型。[4] 因对隐私权的定位不同，两大法系国家在隐私权的保护方法、保护程度等方面存在诸多差异。

从隐私权保护的司法实践上看，我国隐私权保护借鉴的是德国的路径。在我国，因立法长期未将隐私权作为一项独立的人格权予以规定，故在司法实践中对隐私权的保护采取的是间接保护的方式，即将隐私权纳入名誉权范畴来予以保护。直到2007年10月29日由最高人民法院审判委员会第1 438次会议讨论通过的《民事案件案由规定》在人格权纠纷部分将隐私权作为独立的案由后，原告可直接以隐私权受到侵犯为由向法院提起诉讼，而法院可将此种案件作为隐私权纠纷案来处理。随着隐私不同类型判例的出现，不仅丰富了隐私权的内容，也促进了我国隐私权立法的不断进步。1987年至2015年，从我国涉及隐私保护的案件类型和判决中可以非常明

---

1 田晟. 西方政务公开和隐私权的由来[J]. 新民周刊, 2013（25）：37.
2 张新宝. 隐私权的法律保护[M]. 北京：群众出版社, 1997：37-38.
3 梁顺. 论隐私权的法律保护[J]. 法制与经济, 2019（6）：161.
4 谭建初, 李政辉. 论互联网中的隐私权——由一则案例谈起[J]. 河北法学, 2001（2）：106.

第一章　隐私权及网络隐私权

显地发现隐私判例和隐私立法的相互牵连。[1] 随着隐私权判例的种类和数量的不断增多，隐私权逐步得到了我国立法的重视，最终作为一项独立的人格权被确立了下来。在现代社会，无论是隐私权的内涵还是外延，都发生了巨大的变化。

二、隐私权的含义

迄今为止，隐私权的概念学界尚无统一定义。国外关于隐私权的概念，主要有权利说、商品说、控制说和状态说四种观点。[2] 英国《牛津法律大辞典》（*The Oxford Companion to Law*）认为，隐私权是不受他人干扰的权利，关于人的私生活不受侵犯或不得将人的私生活非法公开的权利要求。[3] 美国学者 Westin 将隐私权定义为个人、团体或机构决定怎样、在多大程度上与他人交流有关他们自己的信息的权利。[4] 著名法学家 Prosser 在总结以往二百多个判例的基础上将隐私权分为与私人生活有关的、与安宁生活有关的、与形象有关的、与姓名有关的隐私权四部分。德国大多数学者认为，《德国民法典》第 823 条第 1 部分对"私权"的列举是详尽的，名誉权和个人秘密权能够得到有效保护，故拒绝这些特殊的"人身权利"作为应受《德国民法典》第 823 条保护的绝对权利。第二次世界大战后，情况发生了很大变化，德国联邦法院于 1954 年通过了"公民的一般人格权，保护隐私和名誉"的司法解释。虽然我国立法始终未对隐私权做出明确的定义，但理论界很早开始就已经试图对隐私权做出定义。佟柔教授认为，隐私权是公民对自己的个人生活秘密和个人活动自由不受他人干涉的一种权利[5]；张新宝教授认为，隐私权是公民享有的私生活安宁与私人信息依法受到保护，不被他人非法侵扰、知悉、搜集、利用和公开等的人格权[6]；王利明教授认为，隐私权是自然人享有的对其个人的与公共利益无关的个人信息、

---

1 翟羽艳. 中国隐私权司法保护的实证分析与未来发展[J]. 学术交流, 2020（1）：123.
2 孙丽. 网络隐私研究回顾与前瞻[J]. 青年记者, 2019（21）：67.
3 沃克. 牛津法律大辞典[M]. 李双元, 译. 北京：法律出版社, 2003.
4 WESTIN A F. Privacy and Freedom[M]. New York：Atheneum, 1967.
5 佟柔. 中国民法学 民法总则[M]. 北京：中国人民公安大学出版社, 1990：116.
6 张新宝. 隐私权的法律保护[M]. 北京：群众出版社, 1997：37-38.

私人活动和私有领域进行支配的一种人格权[1]；王冠教授认为，隐私权是公民个人隐瞒纯属个人私事和秘密，未经本人允许，不得公开的权利[2]；刘德良教授认为，隐私权是指个人对其隐私（所体现的）利益的自由支配权，其客体是与公共利益无涉的个人信息——隐私所体现的利益，这种利益既包括直接利益——维护人格独立和尊严等人格利益，也包括间接利益[3]；齐恩平教授认为，所谓隐私权，指个人对与社会无关的个人生活和个人信息依法享有的自主决定的权利。在我国，隐私权是指公民享有的私人生活安宁与私人信息依法受到保护，不被他人非法侵犯、知悉、搜集、复制、公开和利用的人格权，主要包括私人生活和私人信息领域。隐私权是宪法规定的"公民基本权利"中"人格尊严"的组成部分，也是民事实体法中单独规定的基本权益之一。[4] 根据这个定义，隐私权包括两个方面的意义：一是在积极意义上，个人依法享有保持个人的生活安宁，保护个人信息秘密，不被他人非法侵扰、知悉、搜集、利用和公开，即不受侵扰。二是在消极意义上，个人能够自由决定个人生活和个人信息的状况和范围，并能够对其进行利用，即个人对于其个人隐私应有主动积极控制支配的权利。隐私权主要包括个人生活安宁权、个人信息保护权和个人私事决定权。[5]

从比较法上看，隐私权究竟是民事权利，还是宪法权利，存在争议。在美国法中，隐私权概念提出后，最初是通过判例将其认定为一种民事权利。但此后，美国法院（尤其是联邦最高法院）又通过一系列的判例，将其上升为一种宪法上的权利，创设了"宪法上的隐私权"，并将其归入公民所享有的基本权利类型中，作为各州及联邦法令违宪审查的依据之一。[6] 大陆法系国家在人格权发展过程中逐步借鉴了美国法中的隐私权概念，但这个过程是一个吸收、消化，并逐步发展的过程。[7] 我

---

1 王利明. 人格权法新论[M]. 长春：吉林人民出版社，1994：487.
2 王冠. 论人格权（上）[J]. 政法论坛，1991（3）：53.
3 刘德良. 论隐私权[J]. 新疆大学学报（社会科学版），2003（2）：52.
4 周晓金，张科. 消费者网络隐私权浅议[J]. 合作经济与科技，2020（3）：186.
5 朱理. 网络隐私权的保障与冲突[J]. 网络法律评论，2001，1（0）：231.
6 王利明. 隐私权概念的再界定[J]. 法学家，2012（1）：108.
7 王利明. 隐私权概念的再界定[J]. 法学家，2012（1）：109.

第一章 隐私权及网络隐私权

国人格权体系日益细化,形成了"具体人格权+一般人格权"的保护模式。由此为保障人格权内在体系的稳定性,避免不同具体人格权间的适用冲突,有必要清晰、谨慎地确定隐私权的涵射范围。[1]

在我国,隐私权立法经历了从不做出规定到逐步确立其独立人格权地位的过程。《中华人民共和国宪法》(以下简称《宪法》)并无明确的关于隐私权的规定,1986年颁布的《中华人民共和国民法通则》(以下简称《民法通则》)中所列举的具体人格权中也不包含隐私权,即在2009年《中华人民共和国侵权责任法》(以下简称《侵权责任法》)颁布之前,《宪法》《民法通则》等法律法规中未对隐私权做出明确规定,对公民的隐私利益采用的是间接保护的方法。[2] 直到2009年《侵权责任法》中才正式出现"隐私权"一词,该法第2条第2款规定:"本法所称民事权益,包括生命权、健康权、姓名权、名誉权、荣誉权、肖像权、隐私权、婚姻自主权等人身、财产权益"。从该条表述可以看出,我国立法实际上是承认了隐私权作为一项与其他人格权相并列的具体人格权的地位,这可以说是隐私权立法的一个里程碑。2020年5月28日颁布的《中华人民共和国民法典》(以下简称《民法典》)进一步巩固了隐私权的独立人格权地位,并对其做出了一系列详细规定。首先,《民法典》总则编第110条第1款明确将"隐私权"列入"民事权利"范畴;其次,《民法典》人格权编中对隐私权的内涵等做出了进一步规定。依据《民法典》第1032条及第1033条的规定,自然人享有隐私权,任何组织或者个人不得以刺探、侵扰、泄露、公开等方式侵害他人的隐私权。除法律另有规定或者权利人明确同意,任何

---

[1] 张红. 民法典之隐私权立法论[J]. 社会科学家,2019(1):8.

[2] 例如,《最高人民法院关于贯彻执行〈中华人民共和国民法通则〉若干问题的意见(试行)》第140条第1款规定:"以书面、口头等形式宣扬他人的隐私,或者捏造事实公然丑化他人人格,以及用侮辱、诽谤等方式损害他人名誉,造成一定影响的,应当认定为侵害公民名誉权的行为";《最高人民法院关于精神损害赔偿的司法解释》第1条第2款规定:"违反社会公共利益、社会公德侵害他人隐私或者其他人格利益,受害人以侵权为由向人民法院起诉请求赔偿精神损害的,人民法院应当依法予以受理";《中华人民共和国治安管理处罚法》第42条规定:"有下列行为之一的,处五日以下拘留或者五百元以下罚款;情节较重的,处五日以上十日以下拘留,可以并处五百元以下罚款:…(六)偷窥、偷拍、窃听、散布他人隐私的。"

组织或者个人不得实施可能破坏他人隐私和隐私权的行为。需要注意的是，信息时代不可避免地会出现个人信息的交流与使用，个人信息的合理使用不应被认定为是侵犯了隐私权。司法实务中不能将使用他人个人信息的行为一概认定为是侵犯了他人的隐私权，应当综合个人信息的使用目的、使用范围等因素做出最终裁判。例如，在"高某与某大学隐私权纠纷案"中，二审法院认为：法律意义上的隐私是指自然人拥有的与其社会生活无关的个人信息和个人生活资料，其核心属性为被自然人隐藏或不欲为外人所知晓。本案中，某大学举办的研讨会是学术性的论坛，制作的会议手册的发放对象也是特定的专家学者，并非在社会范围内无目的地随意投放。无论高某是作为研讨会的参会人员还是工作人员，某大学将其电话号码和电子邮箱信息登载于会议手册上也是出于学者之间沟通交流的便利，并无泄露高某个人隐私的主观恶意。高某亦未能举证证明因为会议手册登载了其电话号码和电子邮件而对其造成了损害。此外，电话号码和电子邮箱信息仅是现代人为与他人进行交流的通信手段，随时可以更换，并非附着于人身人格的一种权利。《民法典》第1032条第2款还对隐私下了定义，即隐私是自然人的私人生活安宁和不愿为他人知晓的私密空间、私密活动、私密信息。

作者认为，既然立法已经对"隐私"做出了明确的定义，关于隐私权的定义就可以在此基础上做出，即隐私权是指自然人享有的对其个人的、与公共利益无关的私密信息、私密活动和私密空间依法受到保护，不被他人非法刺探、侵扰、泄露、公开等的权利。隐私权是自然人主观上不愿意公开的信息，且该信息与他人合法权利或公共利益无关，即便该信息是违背道德的不光彩的私密信息，只要该信息不涉及他人合法权利或公共利益，就有不被公开的权利。例如，在"王某与张某、某信息技术有限公司、某网络科技有限公司侵犯名誉权纠纷系列案"中，一审法院认为，公民的个人感情生活包括婚外男女关系均属个人隐私。张某披露王某的个人信息行为侵害了王某的隐私权。某信息技术有限公司在其经营的网站上对关于该事件的专题网页报道未对当事人姓名等个人信息和照片进行技术处理，侵害了王某的隐私权并导致王某的名誉权遭受损害，应当承担删除专题网页、赔礼道歉和赔偿精神损害等侵权责任。某网络科技有限公司经营的虚拟社区网根据有关法律法规制定了上网

第一章 隐私权及网络隐私权

规则,对上网文字设定了相应的监控和审查过滤措施,在知道网上违法或侵权言论时采取了删除与本案有关的网络信息,已经履行了监管义务,不承担侵权责任。本案中,虽然原告王某的婚外情在道德上应予以批评,但这并非是公众干预其个人生活的合法理由。公民的个人感情生活包括婚外男女关系均属个人隐私,无论是个人通过互联网披露,还是媒体的公开报道,都应当注意个人隐私的保护。在这里需要注意的是,并不是自然人的所有私密信息都应当予以保护,隐私权所保护的一定是与公共利益无关的个人信息。例如,在"孙某诉某网络通信有限公司隐私权纠纷案"中,一审法院认为:本案中,原告孙某签署了某网络通信有限公司 CDMA 移动电话初入网登记表,提供了个人的姓名、地址、电话号码、身份证号码等私人信息。对于这些信息被告负有保密义务,未经原告许可被告不得将原告的信息披露给第三人,也不得逾越收集的目的而利用原告所提供的信息;而被告将上述信息提供给具有独立法人资格的分支机构,该分支机构利用所得到的信息筛选客户资料,用以与某保险公司合作。因此,法院认定被告未经原告许可将其所知悉的原告的私人信息提供给他人的事实成立,被告的行为构成对原告隐私权的侵犯。与公共利益有关的个人信息不属于隐私权保护范畴。例如,在"黄某与某汽车有限公司隐私权纠纷案"中,一审法院认为:隐私权强调保护的是与公共利益无关的个人信息。本案中,被告公司教材中引用的案例涉及刑事犯罪,刑事犯罪属于公权利调整的范围,内容中虽涉及原告个人,但整体案件不属于其私人领域,因此原告犯罪及接受处罚的事实不属于其隐私范畴,不受相关法律的保护,故被告行为不构成对原告隐私权的侵犯。关于裁判文书应不应该隐去部分与社会公共利益无关的当事人信息,有些法院认为裁判文书在网上公开时应当隐去与社会公共利益无关的当事人信息。例如,在"单某与某科技有限公司隐私权纠纷案"中,一审法院认为:个人隐私是指公民个人生活中不愿向他人公开或被知悉的秘密。裁判文书是法院经公开审理后做出的生效法律裁判文书,作为人民法院公开审判活动、裁判理由、裁决依据和结果的重要载体,裁判文书内容应当向社会公开。裁判文书的公开涉及社会公共利益,但并非裁判文书中的所有内容都与社会公共利益有关,某些内容可能涉及当事人的隐私,当事人出于隐私、名誉等因素的考虑,不愿让更多的人知道,某些信息的公开与促进公共利益的实现并无关涉,因此文书在网上公开时,要对裁判文书的相关内容进行适当的技术处理,以免给当事人造成诸多的不利。而有些法院则采取了不同的态度,如同案第二审法院认为:裁判文书公开是司法公开的重要内容,是关系司法公正的重要举措。裁判文书中或许带有一些当事人不愿公开的信息,但由于文书公开涉及重要的公共利益,因此,在公众的人格权保护和社会公共利益维护方面,必须取得一定的平衡。审判公开包括裁判文书公开,既要满足公众对司法活动知情权的需求,也是审判权行使公正性、合法性的要求,而当事人的确定性、基本案情是裁判文书内容完整性的最基本要素之一。基于满足公众知情权和保护个人隐私的平衡性需要,一份网上公开的裁判文书,可以隐去部分不必要的当事人信息,但如果隐去包括当事人姓名、当事人诉称、法院认定事实等在内的所有信息,则裁判文书的公开亦失去了意义,公众难以了解案件的真实性,难以确信判决的确定性、法律适用的准确性,亦导致同类案件类比参照意义的缺失。隐私权所包含的内容,是私人生活安宁和不愿为他人知晓的私密空间、私密活动、私密信息。其中,私密空间指个人的隐私范围,是指私人支配的空间场所,无论是有形的还是虚拟的,都属于个人隐私的范畴;[1] 私密活动指一切个人的、与公共利益无关的活动;私密信息指有关个人的一切情报资料和资讯。[2]

我国人格权法中隐私权作为一种具体人格权,涵盖了对个人生活安宁的保护。[3] 自然人的生活安定和宁静也叫生活安宁权,就是个人有权对其生活安宁享有一种权利,并且有权排斥他人对其正常生活的骚扰,对这样一种权利的侵害也是对隐私的侵害。[4]

---

[1] 王娟. 论隐私权的独立性[J]. 法律适用, 2012 (2): 85.

[2] 童娅琼. 政府信息公开案件中对"商业秘密"和"个人隐私"的认定[EB/OL]. (2013-10-24) [2019-08-02]. http://shfy.chinacourt.gov.cn/article/detail/2013/11/id/1113339.shtml.

[3] 王利明. 生活安宁权:一种特殊的隐私权[J]. 中州学刊, 2019 (7): 50.

[4] 王利明. 民商法研究. 第5辑[M]. 北京:法律出版社, 2014:87.

三、隐私权与个人信息保护的关系

个人信息权与隐私权之间有着密不可分的联系，厘清二者间的关系是维护好隐私权和个人信息权的前提。何谓"信息"，《高级汉语词典》对信息的解释为：一是指音信消息；二是指有目的地标记在通信系统或计算机的输入上面的信号……（如电话号码上的一个数字）。综合各种对信息的定义，概括其含义包括两个。第一个含义表明信息就是消息，是指以声音、语言、文学、图像、动画和气味等方式所表示的客观世界的实际内容。第二个含义表明信息主要是指电子信息。[1] 从信息的范围来看，信息有广义和狭义之分。信息从广义上来说是指客观世界各种事物特征和变化的反映。信息的范围极其广泛，任何运动的物质都存储着信息。从狭义上来说，是指人类社会活动所产生的对人类生产、生活有益的资讯和消息。[2] 关于"个人信息"，《中华人民共和国个人信息保护法》（以下简称《个人信息保护法》）第 4 条第 1 款规定："个人信息是以电子或者其他方式记录的与已识别或者可识别的自然人有关的各种信息，不包括匿名化处理后的信息。"依据《中华人民共和国网络安全法》（以下简称《网络安全法》）第 76 条的规定，个人信息是指以电子或者其他方式记录的能够单独或者与其他信息结合识别自然人个人身份的各种信息，包括但不限于自然人的姓名、出生日期、身份证件号码、个人生物识别信息、住址、电话号码等。依据 2017 年 6 月 1 日实施的《最高人民法院、最高人民检察院关于办理侵犯公民个人信息刑事案件适用法律若干问题的解释》第 1 条的解释，公民个人信息是指以电子或者其他方式记录的能够单独或者与其他信息结合识别特定自然人身份或者反映特定自然人活动情况的各种信息，包括姓名、身份证件号码、通信通讯联系方式、住址、账号密码、财产状况、行踪轨迹等。所谓个人信息权，是指信息主体依法对其个人信息所享有的支配、控制并排除他人侵害的特殊人格权。[3]

---

1 陈江华. 三网融合产业监管法律制度研究[D]. 合肥：安徽大学，2014.
2 肖岳峰，蒋琼. 信息产业法律环境研究[M]. 北京：电子工业出版社，2010：9.
3 刁胜先. 论个人信息权的权利结构——以"控制权"为束点和视角[J]. 北京理工大学学报（社会科学版），2011，13（3）：92.

目前，很多国家立法和学界并没有区分隐私权与个人信息权的概念。在美国的法律体系中，常用概念为隐私（privacy），相对应的权益则为隐私权（right to privacy），而欧盟和亚太地区则常用个人信息、隐私（私隐）或个人数据（personal information，privacy 或 personal data）等概念。[1] 2018 年 5 月 25 日正式生效的欧盟《通用数据保护条例》（GDPR）第 1 条第 2 款明确用"个人数据权"取代"隐私权"的表述。

我国有关隐私权与个人信息保护的研究大致可以分为以下三个阶段：①第一阶段——以隐私权为中心的研究阶段（大致为 20 世纪 80 年代初至 1988 年）；②第二阶段——个人信息及个人信息权研究阶段（始于 1989 年，兴于 21 世纪）；③第三阶段——隐私权与个人信息保护关系研究阶段（大致始于 21 世纪初期）。

个人信息权概念最初于 1971 年由 Wilhelm Steinmüller 和 Bernd Lutterbeek 提出。Smith、Stewart、Segars、Malhotra、Kim、Agarwal、Dinev、Hart 等学者认为隐私关注度是决定用户向网络公司提供个人信息的关键因素之一。2003 年，Leonid Titkov、Stefan Poslad、Juan Jim Tan 在其文章中构建了 V-SAT 模型。2007 年，Daniel J.Solove 提出的控制信息论在个人信息保护研究方面具有重要的意义。以欧盟《数据保护指令》为代表的传统个人信息保护机制建构在知情同意架构的基础上。Rubinstein 指出知情同意机制在大数据时代走向瓦解。Omer Tene 和 Jules Polonetsky 认为，除知情同意机制失灵，传统知情同意架构还面临着全方位的适法性困境。Viviane Reding 指出，继续强化传统的知情同意架构路径无益于大数据时代挑战的有效应对。Fred H. Cate 主张应当跳脱传统知情同意架构的局限，转而探索顺应技术发展的新路径，构建个人信息保护的有效机制，以适应大数据时代的发展需求。Simitis 在对欧洲理事会发布的《关于个人数据自动化处理的个人保护公约》实施状况的调查中提出场景规则，Helen Nissenbaum 进一步将其发展为场景公正理论，并首先使用在个人数据的收集问题上。

关于个人信息权的属性和内容，两大法系学者多从与隐私权的对比中进行探讨。1971 年，Wilhelm Steinmüller 和 Bernd Lutterbeek 提出"信息自决权"概念，以此区分个人信息与隐私；2009 年，Daniel J. Solove 和 Paul M. Schwartz 提出个人信息本

---

[1] 吴晓平.新媒体语境下国外个人信息失控与保护研究[D]. 上海：复旦大学，2014.

质上是一种隐私；日本和韩国学界就个人信息权与隐私权虽有重合的部分，但二者是不同的两种权利这一观点已达成共识。关于个人信息的权利主体，日本的臼井教授认为限于自然人，法人不宜享有具有人格权性质的个人信息权，而奥地利、挪威、卢森堡、意大利等国通说认为法人也应纳入个人信息主体范围；隐私权主体限于自然人这一观点各国学界均无争议。

随着网络的普及和网络隐私权概念的出现，国际组织和各国有时将网络隐私权的保护放在个人信息或个人数据的保护范围之内进行保护。在网络环境下，个人隐私主要以"个人数据"的形式出现。1995年通过的《欧洲联盟数据保护指令》[1]对个人数据下的定义是：有关一个被识别或可识别的自然人（数据主体）的任何信息，可识别的自然人是指一个可以被证明，即可以直接或间接地，特别是通过对其身体的、生理的、经济的、文化的或生活身份的一项或多项的识别。由此定义分析可知，个人数据是一个相当广泛的概念，凡是可以用来识别具体个人的信息，如姓名、出生年月、身份证号码、婚姻家庭、财产状况、职业、指纹等都属于个人数据。[2] 随着网络的发展，在传统的个人数据之外又出现了新的个人数据信息，如电子邮件地址（email address）、网域名称（domain name）、使用者名称（user name）、通行码（password）、网络地址（IP address）等。网络上的个人隐私保护转向以"个人数据保护"为重心，以对抗信息时代中隐私权受到的冲击。[3]

目前，我国《民法典》虽已从立法层面将隐私权与个人信息权做出区分，但二者实际上存在密切的关联性，因此有必要从理论上对二者进行准确的界分，为二者有效保护路径的构建提供智力支持。

---

[1] 需要注意的是，该指令已被2016年4月通过的《通用数据保护条例》取代。《通用数据保护条例》中并没有对个人数据下定义。

[2] 朱理. 网络隐私权的保障与冲突[J]. 网络法律评论，2001，1（0）：232.

[3] 同上。

网络交易中的消费者隐私权保护研究

第二节 网络隐私权

一、网络隐私权的概念

网络隐私权只是一般隐私权在网络环境下的延伸,严格说来,网络隐私权并不是独立的隐私权,它只不过是隐私权在网络环境下的体现。[1]但王利明教授认为,网络环境下的人格权尤其是隐私权有必要在人格法中单独加以规定。依据《民法典》第1 032条第2款可以推定,网络隐私应当包括公民在网络环境下享有的私人生活安宁和不愿为他人知晓的私密空间、私密活动、私密信息。理论上可将网络隐私权定义为:自然人在网络环境下对其个人的、与公共利益无关的私密信息[2]、私密活动和私密空间所享有的不被任何组织或个人以刺探、侵扰、泄露、公开等方式侵害的权利。网络交易下的消费者隐私权可以理解为是消费者在通过互联网与经营者进行交易时私密信息受到保护、私生活不被干预、私密活动和私密空间不被侵犯的权利。

---

[1] 王利明. 隐私权的新发展[J]. 人大法律评论, 2009(1): 14.
[2] 与隐私权一样,在网络环境下的自然人的私密信息保护也有一定的限制。如《最高人民法院关于审理利用信息网络侵害人身权益民事纠纷案件适用法律若干问题的规定》第12条第1款规定:"网络用户或者网络服务提供者利用网络公开自然人基因信息、病历资料、健康检查资料、犯罪记录、家庭住址、私人活动等个人隐私和其他个人信息,造成他人损害,被侵权人请求其承担侵权责任的,人民法院应予支持。但下列情形除外:(一)经自然人书面同意且在约定范围内公开;(二)为促进社会公共利益且在必要范围内;(三)学校、科研机构等基于公共利益为学术研究或者统计的目的,经自然人书面同意,且公开的方式不足以识别特定自然人;(四)自然人自行在网络上公开的信息或者其他已合法公开的个人信息;(五)以合法渠道获取的个人信息;(六)法律或者行规另有规定。网络用户或者网络服务提供者以违反社会公共利益、社会公德的方式公开前款第四项、第五项规定的个人信息,或者公开该信息侵害权利人值得保护的重大利益,权利人请求网络用户或者网络服务提供者承担侵权责任的,人民法院应予支持。国家机关行使职权公开个人信息的,不适用本条规定。"但网络用户或者网络服务提供者以违反社会公共利益、社会公德的方式公开自然人上述第四项和第五项规定的个人信息或者公开该信息侵害权利人值得保护的重大利益,权利人请求网络用户或者网络服务提供者承担侵权责任的,人民法院应予支持。

第一章　隐私权及网络隐私权

关于哪些属于网络隐私，《最高人民法院关于审理利用信息网络侵害人身权益民事纠纷案件适用法律若干问题的规定》第 12 条第 1 款对需要保护的网络隐私做了列举，即网络隐私包括自然人基因信息、病历资料、健康检查资料、犯罪记录、家庭住址、私人活动等个人隐私和其他个人信息。从该条规定可以看出，虽然立法[1]与理论界[2]认为个人信息权不能等同于隐私权，但不可否定的是，网络环境下的个人隐私由大量的个人数据体现出来，因此个人数据的保护是目前网络隐私权保护最为重要的内容。[3] 王利明、杨立新等教授也明确指出，消费者在网络交易范围内享有的个人信息权可谓是消费者网络隐私权的最核心的内容。[4] 其原因在于，现实生活本不属于隐私范畴的个人姓名信息、个人身份证信息、家庭住址、电话号码等信息在网络环境下却有可能成为自然人的核心隐私，一旦被非法收集、使用、加工、传输或被非法买卖、提供或者公开就会对个人造成重大损失。[5] 作者认为，网络隐私权与个人信息权的关系并非单纯的等同与否的关系。网络隐私权既然是一种隐私权，就会与作为一项独立权利的个人信息权有区别。网络隐私权保护问题关注的仍然是公民本人是否愿意他人知晓且与社会利益无关，如果是公民本人不愿意他人知晓且与社会

1　我国《民法典》第 111 条确认了个人信息权这一独立于隐私权的民事权利。
2　关于个人信息与隐私的关系，王利明教授认为，个人信息不能与隐私等同，体现为：第一，个人信息虽可能与隐私部分重合，但其都以信息的形式表现出来，尤其是个人信息中许多内容不一定是私密的。第二，隐私权主要是一种精神性的人格权，而个人信息在性质上属于一种综合性的权利，财产价值较为明显。第三，隐私权具有变动性，通常只有在权利遭受侵害时才能由权利人进行主张。而个人信息权的权利人除了被动防御第三人侵害，还可以对其进行积极利用。第四，权利内容不同。从内容上看，隐私权制度的重心在于防范个人的私密不被披露，并不在于保护这种秘密的控制与利用，而个人信息权主要是对个人信息的控制与支配的权利。第五，通常来说，隐私权更多的是一种不受他人侵害的消极防御权利，即权利人在受到侵害时要求停止侵害或者排除妨碍，而个人信息权则包含要求更新、更正等救济方式。参见王利明. 民商法研究. 第 5 辑[M]. 北京：法律出版社，2014：88-89.
3　王希. 网络环境下的消费者隐私权保护[J]. 法制与经济（下旬），2011（1）：98.
4　王利明，杨立新. 人格权与新闻侵权[M]. 北京：中国方正出版社，1995：401-406.
5　企鹅智库发布的 2019 年《网上 315：中国网民消费维权调查报告》显示，在中国网民中，有 94.3% 曾接到过骚扰电话或推销类电话，这类行为已经成为一大"公害"。

利益无关的个人信息就属于网络隐私权范畴;而那些本人愿意他人知晓的信息则属于个人信息权范畴。只不过在网络交易环境下某项个人信息的属性的确不好下定论,要根据每一次的具体情形做出判断。当某个或某几个现实生活中本不属于隐私但却在网络环境下构成"核心隐私"的个人信息被非法收集、使用、加工、传输或被非法买卖、提供或公开时,就会同时侵犯到个人信息权和隐私权,会产生责任竞合问题。但在网络环境下侵犯个人隐私权的行为并不一定侵犯到个人信息权。因此可以得出以下结论:侵犯网络个人信息权,在通常情况下会同时侵犯到网络隐私权,但侵犯网络隐私权并不一定侵犯到个人信息权,即网络隐私权的范畴大于网络环境下的个人信息权的范畴,且前者包含后者。可进一步得出在网络环境下个人信息权的权利内容属于隐私权的权利内容,个人信息权的侵权形态属于隐私权的侵权形态,个人信息的保护原则同样适用于隐私权,个人信息保护方面的对策也基本上适用于隐私权的保护,即在网络环境下保护个人信息权就等于保护隐私权的结论。

随着经济的发展,尤其是网络技术的日新月异,隐私权的客体已不断向网络领域扩展。网络隐私权是随着网络的出现而产生的新兴产物。网络的普及和网络技术的发展给隐私权保护带来了很大的冲击。据统计,截至2020年3月,我国互联网用户已达9亿,互联网网站超过400万个,应用程序数量超过300万个。根据中国互联网协会发布的2016年《中国网民权益保护调查报告》,我国网民因为垃圾信息、诈骗信息、个人信息泄露等遭受的经济损失为人均133元,比去年增加9元,总体经济损失约915亿元(我国网民数量6.88亿×网民平均经济损失133元≈915亿元)。其中,9%的网民由于各类权益侵害造成的经济损失在1 000元以上。调查结果显示:"骚扰电话"是网民最反感的骚扰来源,"计算机广告弹窗"和"APP推送信息"紧随其后。76%的网民遇到过"冒充银行、互联网公司、电视台等进行中奖诈骗的网站";66%的网民曾经收到"冒充10086、95533等伪基站短信息";55%的网民收到过"冒充公安、卫生局、社保局等公众机构进行电话诈骗"的诈骗信息;51%的网民收到过"冒充苹果、腾讯等公司进行钓鱼、盗取账号的电子邮件";还有47%的网民遇到过在"社交软件上冒充亲朋好友进行诈骗"的情况。37%的网民因收到上述各类诈骗信息而遭受到钱财损失。54%的网民认为个人信息泄露严重,其中21%

第一章　隐私权及网络隐私权

的网民认为非常严重。84%的网民亲身感受到了由于个人信息泄露带来的不良影响。网络技术的发展在给我们的生活及工作带来便利的同时，也让网络使用者的隐私权处于很容易被侵犯的境地。在传统消费领域，消费者的隐私权保护问题并不突出，但在网络消费过程中，消费者的在线隐私权保护则存在诸多难题。数字化使搜集和获得信息变得较为容易，之前在有形场所才能取得的个人信息可以通过网络渠道轻易获得，其获取信息的效率更高且成本低廉。在网络交易中，消费者将个人的重要信息留给经营者之后，对自己的资料便处于失控状态，个人信息的安全性受到很大的冲击。[1] 作者认为，在讨论网络技术的发展时，必不可少地要考虑这种技术是否能够同时保障使用者的网络隐私权，或者这种网络技术的发展是否有网络隐私权保护法律或政策相配套。只有同时兼顾网络使用者的隐私权等各项合法权益的网络技术，才能够真正有益于社会发展。在网络交易迅猛发展的时期，如何维护好网络隐私权是亟待解决的重大问题，也是事关网络技术发展前景的关键性问题。如前所述，网络隐私权是隐私权在网络领域的延伸，故隐私权保护规则理应适用于网络隐私权。但网络隐私权在侵权主体、侵权形态、确定侵权主体的难易度及追责程序等方面不同于一般隐私权。一般隐私权通常是某个加害主体侵犯了某个受害主体的隐私权，使部分其他主体知道了受害主体不愿人知的信息，而网络隐私权是某个加害主体通过网络侵犯了某个受害主体的隐私权，使广大网民知道了受害主体不愿人知的信息。除此之外，侵犯一般隐私权和侵犯网络隐私权的后果也存在不同，前者通常会造成某个受害人的个别损失，而网络隐私权得不到有效维护，便意味着互联网将会失去广大网民的信任，其发展就会受到阻碍。因此，在一般隐私权之外单独归纳出网络隐私权的定义并对其进行专门研究，是顺应网络信息时代的发展而做出的必然选择。

鉴于网络隐私权的上述特性，我国立法针对网络隐私权的维护设置了一些特殊规则。例如，《互联网信息服务管理办法》（2000年）、《全国人民代表大会常务委员会关于加强网络信息保护的决定》（2012年）、《最高人民法院关于审理利用信息网络侵害人身权益民事纠纷案件适用法律若干问题的规定》（2014年）、《网络安全法》（2017年）及《网络信息内容生态治理规定》（2020年）等法律法规中

---

1 鞠晔. 论消费者网络隐私权的法律保护[J]. 法制与社会，2011（32）：109.

设置了很多与网络隐私权维护有关的规定。

二、网络隐私权的内容

我国立法中并没有出现"网络隐私权"这一表述，因此对其定义及权利内容的分析均是在理论层面上进行的。总结理论界对网络隐私权的相关研究，网络隐私权的内容大体可以分为个人信息使用权和个人信息安全权。多数学者在网络隐私权应当包括知情权、支配权、隐私内容修正权、安全请求权、救济权这一观点上基本达成了共识。作者认为，除了以上几项权利内容，网络隐私权的内容还应当包括报酬请求权和拒绝权。

（一）知情权

关于知情权，我国《民法典》第 1 035 条第 1 款规定："处理个人信息的，应当遵循合法、正当、必要原则，不得过度处理，并符合下列条件：（一）征得该自然人或者其监护人同意，但是法律、行规另有规定的除外；（二）公开处理信息的规则；（三）明示处理信息的目的、方式和范围；（四）不违反法律、行规的规定和双方的约定。"《网络安全法》第 41 条规定："网络运营者收集、使用个人信息，应当遵循合法、正当、必要的原则，公开收集、使用规则，明示收集、使用信息的目的、方式和范围，并经被收集者同意。"《电信和互联网用户个人信息保护规定》第 8 条规定："电信业务经营者、互联网信息服务提供者应当制定用户个人信息收集、使用规则，并在其经营或者服务场所、网站等予以公布。"第 9 条规定："未经用户同意，电信业务经营者、互联网信息服务提供者不得收集、使用用户个人信息。电信业务经营者、互联网信息服务提供者收集、使用用户个人信息的，应当明确告知用户收集、使用信息的目的、方式和范围，查询、更正信息的渠道以及拒绝提供信息的后果等事项。"《中华人民共和国消费者权益保护法》（以下简称《消费者权益保护法》）第 29 条规定："经营者收集、使用消费者个人信息，应当遵循合法、正当、必要的原则，明示收集、使用信息的目的、方式和范围，并经消费者同意。经营者收集、使用消费者个人信息，应当公开其收集、使用规则，不得违反法律、法规的规定和双方的约定收集、使用信息。"《中华人民共和国电子商务法》

第一章 隐私权及网络隐私权

第 17 条规定:"电子商务经营者应当全面、真实、准确、及时地披露商品或者服务信息,保障消费者的知情权和选择权。电子商务经营者不得以虚构交易、编造用户评价等方式进行虚假或者引人误解的商业宣传,欺骗、误导消费者。"《个人信息保护法》第 44 条规定:"个人对其个人信息的处理享有知情权、决定权,有权限制或者拒绝他人对其个人信息进行处理;法律、行规另有规定的除外。"第 45 条规定:"个人有权向个人信息处理者查阅、复制其个人信息;有本法第十八条第一款、第三十五条规定情形的除外。个人请求查阅、复制其个人信息的,个人信息处理者应当及时提供。"第 48 条规定:"个人有权要求个人信息处理者对其个人信息处理规则进行解释说明。"此外,同法第 7 条[1]、第 17 条[2]、第 26 条[3]、第 27 条[4]、第 29 条[5]、第 30 条[6]、第 35 条[7]、

---

[1]《个人信息保护法》第 7 条:"处理个人信息应当遵循公开、透明原则,公开个人信息处理规则,明示处理的目的、方式和范围。"

[2]《个人信息保护法》第 17 条:"个人信息处理者在处理个人信息前,应当以显著方式、清晰易懂的语言真实、准确、完整地向个人告知下列事项:(一)个人信息处理者的名称或者姓名和联系方式;(二)个人信息的处理目的、处理方式,处理的个人信息种类、保存期限;(三)个人行使本法规定权利的方式和程序;(四)法律、行政法规规定应当告知的其他事项。前款规定事项发生变更的,应当将变更部分告知个人。个人信息处理者通过制定个人信息处理规则的方式告知第一款规定事项的,处理规则应当公开,并且便于查阅和保存。"

[3]《个人信息保护法》第 26 条:"在公共场所安装图像采集、个人身份识别设备,应当为维护公共安全所必需,遵守国家有关规定,并设置显著的提示标识……"

[4]《个人信息保护法》第 27 条:"……个人信息处理者处理已公开的个人信息,对个人权益有重大影响的,应当依照本法规定取得个人同意。"

[5]《个人信息保护法》第 29 条:"处理敏感个人信息应当取得个人的单独同意;法律、行政法规规定处理敏感个人信息应当取得书面同意的,从其规定。"

[6]《个人信息保护法》第 30 条:"个人信息处理者处理敏感个人信息的,除本法第十七条第一款规定的事项外,还应当向个人告知处理敏感个人信息的必要性以及对个人权益的影响;依照本法规定可以不向个人告知的除外。"

[7]《个人信息保护法》第 35 条:"国家机关为履行法定职责处理个人信息,应当依照本法规定履行告知义务;有本法第十八条第一款规定的情形,或者告知将妨碍国家机关履行法定职责的除外。"

第 39 条[1] 等为网络隐私权权利主体的知情权提供了法律依据的同时也为知情权的实现提供了法律保障。

基于以上法律条文规定可知，网络隐私权主体的知情权是指网络隐私权权利主体有权知道自己的哪些信息被收集，收集后做了哪些处理及应用，是否采取了安全保障措施等真实情况。与网络用户的知情权相对应的是数据收集或处理者的告知义务。关于数据收集或处理者的告知义务具体应当履行到何种程度才算合理的问题，无论是立法还是司法中尚没有一个统一的标准。从最大化保护网络用户的隐私权的角度而言，一定是数据收集或处理者所告知的内容越详细越好。因为网络环境具有虚拟性、隐匿性、技术性强等特点，故比起线下交易，网络环境下的网络用户能够通过自己的努力获取的信息少之又少，基本上都是靠网络经营者履行告知义务来实现自己的知情权。网络用户知情权的实现程度基本上取决于网络经营者告知义务的履行程度。例如，有学者指出，大数据利用中产生的"杀熟"行为，属于不合商业伦理的数据利用，应当将其定性为是个人信息的不当使用，并对这种不当使用行为予以规范和约束。应当在个人信息使用者告知义务中增加算法或算法用途说明，满足消费者对个人信息使用及其可能的差异化定价的知情权。[2] 除了应当要求网络经营者所告知的内容应当真实全面，也要对其告知方式提出具体的要求。因为很多消费者利用网络进行交易之际，关注点基本上都集中在自己所需的商品或服务上，对于网络交易平台做出的各种告知行为并不感兴趣，还有的消费者因网络经营者的告知方式不够规范等客观原因，导致根本没有看到相关告知内容。在上述情形下，即便经营者形式上履行了告知和提醒义务，但实际上网络用户并没有看到相关告知内容，经营者的告知行为并没有使消费者的知情权得到实现，因此这种告知义务的履行便失去了意义。为了能够不让消费者的知情权形同虚设，应当对经营者的告知义务在告知内容及告知方式等方面提出更高的要求。首先，经营者所告知的内容应当真实全面；其次，经营者应当采取有效的告知方式，一定要做到让每一个普通的消费者

---

1 《个人信息保护法》第 39 条："个人信息处理者向中华人民共和国境外提供个人信息的，应当向个人告知境外接收方的名称或者姓名、联系方式、处理目的、处理方式、个人信息的种类以及个人向境外接收方行使本法规定权利的方式和程序等事项，并取得个人的单独同意。"

2 王桦宇，李想. 运用法律完善互联网行业监管[J]. 检察风云，2019（14）：19.

都能够看到相关告知内容,这就需要经营者在告知义务的履行方式上下功夫。通常情况下,网络经营者会通过当用户打开其平台主页时,页面上弹出相关告知窗口的方式履行告知义务。作者认为,在这种情形下,应当以是否使每个进入主页的消费者都看到了页面所显示的告知信息,而那些设置为需要点击继续查看详细内容或需要下拉才能看到所有告知内容的告知方式是否做到了足以能够吸引普通的消费者点击查看或下拉继续查看相关告知内容作为判断经营者的告知方式合理与否的标准。

网络隐私权虽然包括很多权利内容,但其中知情权可以说是最基本的权利,是实现其他权利内容的前提。人们在不知情或不完全知情的情况下做出的同意的意思表示,其效力是需要进一步探讨的。例如,某网络交易平台的《隐私权政策》中含有如下内容:

(一)共享

我们不会与某网络交易平台服务提供者以外的公司、组织和个人共享您的个人信息,但以下情况除外:

……

2. 在获取明确同意的情况下共享:获得您的明确同意后,我们会与其他方共享您的个人信息。

……

5. 与授权合作伙伴共享。

……

目前,我们的授权合作伙伴包括以下类型:

(1)广告、分析服务类的授权合作伙伴。除非得到您的许可,否则我们不会将您的个人身份信息与提供广告、分析服务的合作伙伴共享。

……

(二)转让

我们不会将您的个人信息转让给任何公司、组织和个人,但以下情况除外:

1. 在获取明确同意的情况下转让:获得您的明确同意后,我们会向其他方转让您的个人信息。

……

(三)公开披露

我们仅会在以下情况下,公开披露您的个人信息:

1. 获得您明确同意或基于您的主动选择,我们可能会公开披露您的个人信息。

……

在这些网络平台进行交易时,经营者的告知内容很多是涉及消费者个人信息、与消费者权益密切关联的内容,如果告知不到位,消费者可能会在不知情或不完全知情的情况下有意或无意点击"同意"键而造成对己不利的后果。因此,网络隐私权保护立法机关和监管部门应当从充分保障网络用户的知情权的角度出发,对网络经营者的告知义务的履行提出具体的要求。

(二)支配权

我国《民法典》第 1 037 条第 2 款规定:"自然人发现信息处理者违反法律、行规的规定或者双方的约定处理其个人信息的,有权请求信息处理者及时删除。"《个人信息保护法》第 15 条第 1 款、第 24 条第 1 款、第 25 条、第 26 条、第 44 条、第 47 条[1],

---

[1]《个人信息保护法》第 15 条第 1 款:"基于个人同意处理个人信息的,个人有权撤回其同意。个人信息处理者应当提供便捷的撤回同意的方式。"第 24 条第 1 款:"个人信息处理者利用个人信息进行自动化决策,应当保证决策的透明度和结果公平、公正,不得对个人在交易价格等交易条件上实行不合理的差别待遇。"第 25 条:"个人信息处理者不得公开其处理的个人信息,取得个人单独同意的除外。" 第 26 条:"……所收集的个人图像、身份识别信息只能用于维护公共安全的目的,不得用于其他目的;取得个人单独同意的除外。"第 47 条:"有下列情形之一的,个人信息处理者应当主动删除个人信息;个人信息处理者未删除的,个人有权请求删除:(一)处理目的已实现、无法实现或者为实现处理目的不再必要;(二)个人信息处理者停止提供产品或者服务,或者保存期限已届满;(三)个人撤回同意;(四)个人信息处理者违反法律、行政法规或者违反约定处理个人信息;(五)法律、行政法规规定的其他情形。法律、行政法规规定的保存期限未届满,或者删除个人信息从技术上难以实现的,个人信息处理者应当停止除存储和采取必要的安全保护措施之外的处理。"

第一章 隐私权及网络隐私权

以及《网络安全法》第41条第1款[1]等均为网络隐私权权利主体的支配权提供了法律依据。网络隐私权不同于传统隐私权,不仅具有消极防御性质,还具有积极请求权的性质。权利主体有权自主决定网络隐私是否公开,何时、何地、对何人公开,允许何人以什么方式收集或使用个人信息,是否允许信息的二次使用,个人信息的使用期限及使用目的等,即自然人享有个人信息支配权,此种个人数据的支配权正是现代个人数据保护制度的最重要机制之一。[2]

如果网络隐私权主体无法真正地支配、控制自己的网络隐私,那么其他相应的权利就得不到保障,因此,网络个人信息的支配控制原则是保护公民网络隐私权的基础。[3]关于支配权,根据欧盟于2013年10月22日通过的《欧盟数据保护基本条例》,数据主体可以在满足下列条件时要求数据控制人删除与其有关的信息或者停止该信息进一步传播:①此信息不再有被收集或者以其他方式处理的必要;②数据主体不再同意其信息为实现一个或多个具体目的被处理;③数据主体可以在任何时候由于自身特别情况的原因提出拒绝处理其个人信息,除非该处理对于保护数据主体的基本权益至关重要,或者是履行公共利益的活动所必需的,或者对于信息的处理是数据掌管者行使国家权力;④欧盟范围内的一个法庭或者监督机关已经做出了相关数据必须删除的最终裁定;⑤相关数据被非法处理。数据主体基于以上情况向数据控制人提出删除与其有关的信息等要求的,数据控制者应当立即停止对其个人信息的使用和处理,防止损害扩大。[4]

需要注意的是,信息具有不可替代的作用,要取得竞争的优势,信息的自由流动是十分必要的[5],故立法者在赋予网络隐私权充分的网络隐私支配权的同时,也应当兼顾信息的正常流动,在确保网络隐私权主体合法权益的前提下,促进我国信息

---

1 《网络安全法》第41条第1款:"网络运营者收集、使用个人信息,应当遵循合法、正当、必要的原则,公开收集、使用规则,明示收集、使用信息的目的、方式和范围,并经被收集者同意。"

2 秦祖伟. 论网络时代个人隐私权的保护[J]. 经济与社会发展,2005(10):98.

3 申自强. 新媒体时代网络隐私权的法律保护原则[J]. 传媒,2014(10):76.

4 崔聪聪,巩姗姗,李仪,等. 个人信息保护法研究[M]. 北京:北京邮电大学出版社,2015:34.

5 阮新新. 论网络时代消费者隐私权的保护[J]. 经济问题探索,2005(6):106.

产业的发展。现阶段，很多网络经营者在用户不提供或不完全提供网站所需的全部个人资料的情况下，就限制该用户获得网站的绝大部分服务，甚至是拒绝其访问，这实际上是对个人的网络隐私支配权的一种侵犯，是涉嫌通过欺诈、胁迫、乘人之危等不正当手段收集个人数据的侵权行为。用户有权选择是否公开或是否全部公开个人信息，网络经营者不应当对其加以限制。以侵犯网络隐私权主体的支配权为代价的信息流动是不可取的。

（三）隐私内容修正权

我国《民法典》第1 037条第1款规定："自然人可以依法向信息处理者查阅或者复制其个人信息；发现信息有错误的，有权提出异议并请求及时采取更正等必要措施。"《个人信息保护法》第46条规定："个人发现其个人信息不准确或者不完整的，有权请求个人信息处理者更正、补充。个人请求更正、补充其个人信息的，个人信息处理者应当对其个人信息予以核实，并及时更正、补充。"《网络安全法》第43条规定："个人发现网络运营者违反法律、行规的规定或者双方的约定收集、使用其个人信息的，有权要求网络运营者删除其个人信息；发现网络运营者收集、存储的其个人信息有错误的，有权要求网络运营者予以更正。网络运营者应当采取措施予以删除或者更正。"《中华人民共和国电子商务法》第24条规定："电子商务经营者应当明示用户信息查询、更正、删除以及用户注销的方式、程序，不得对用户信息查询、更正、删除以及用户注销设置不合理条件。电子商务经营者收到用户信息查询或者更正、删除的申请的，应当在核实身份后及时提供查询或者更正、删除用户信息。用户注销的，电子商务经营者应当立即删除该用户的信息；依照法律、行规的规定或者双方约定保存的，依照其规定。"以上规定均为网络隐私权主体的隐私内容修正权提供了法律依据。

为了保障公民的网络隐私支配权的实现，应同时赋予其修改自己所提交的信息的权利。网络环境下实现隐私内容修正权的前提是应当先赋予查阅权，如赋予公民网站合理访问权利等。当网络隐私权主体许可他人收集或使用其隐私信息时，有权要求该被许可人按照其真实的隐私信息进行使用[1]，如果发现存储的个人信息有误或者已过时，在与数据敏感性和数据错误可能对消费者带来不利影响的风险性相适应的情况下，网络隐私权主体有权获取及更正以可用格式存在的个人数据。企业应采取合理措施确保其保存的是准确的个人数据。企业应就其收集的个人数据为消费者提供合理的接入权限并为消费者提供合理的途径和方式使其能够请求更正、删除个人数据或限制错误个人数据的使用。[2]

（四）安全请求权

我国《民法典》第1 038条规定："信息处理者不得泄露或者篡改其收集、存储的个人信息；未经自然人同意，不得向他人非法提供其个人信息，但是经过加工无法识别特定个人且不能复原的除外。信息处理者应当采取技术措施和其他必要措施，确保其收集、存储的个人信息安全，防止信息泄露、篡改、丢失；发生或者可能发生个人信息泄露、篡改、丢失的，应当及时采取补救措施，按照规定告知自然人并向有关主管部门报告。"第1 039条规定："国家机关、承担行政职能的法定机构及其工作人员对于履行职责过程中知悉的自然人的隐私和个人信息，应当予以保密，不得泄露或者向他人非法提供。"《网络安全法》在第四章中对网络信息安全做出了专章规定。《网络安全法》第40条："网络运营者应当对其收集的用户信息严格保密，并建立健全用户信息保护制度。"第41条第2款："网络运营者不得收集与其提供的服务无关的个人信息，不得违反法律、行规的规定和双方的约定收集、使用个人信息，并应当依照法律、行规的规定和与用户的约定，处理其保存的个人信息。"第42条："网络运营者不得泄露、篡改、毁损其收集的个人信息；未经被收集者同意，不得向他人提供个人信息。但是，经过处理无法识别特定个人且不能复原的除外。网络运营者应当采取技术措施和其他必要措施，确保其收集的个人信息安全，防止信息泄露、毁损、丢失。在发生或者可能发生个人信息泄露、毁损、丢失的情况时，应当立即采取补救措施，按照规定及时告知用户并向有关主管

---

[1] 刘德良. 论隐私权[J]. 新疆大学学报（社会科学版），2003（2）：54.
[2] 周辉，孟兆平，敖重淼，等. 网络环境下消费者数据的隐私保护——在全球数字经济背景下保护隐私和促进创新的政策框架[J]. 网络法律评论，2013，16（1）：214.

部门报告。"第44条:"任何个人和组织不得窃取或者以其他非法方式获取个人信息,不得非法出售或者非法向他人提供个人信息。"第45条:"依法负有网络安全监督管理职责的部门及其工作人员,必须对在履行职责中知悉的个人信息、隐私和商业秘密严格保密,不得泄露、出售或者非法向他人提供。"第46条:"任何个人和组织应当对其使用网络的行为负责,不得设立用于实施诈骗,传授犯罪方法,制作或者销售违禁物品、管制物品等违法犯罪活动的网站、通讯群组,不得利用网络发布涉及实施诈骗,制作或者销售违禁物品、管制物品以及其他违法犯罪活动的信息。"第47条:"网络运营者应当加强对其用户发布的信息的管理,发现法律、行规禁止发布或者传输的信息的,应当立即停止传输该信息,采取消除等处置措施,防止信息扩散,保存有关记录,并向有关主管部门报告。"第48条:"任何个人和组织发送的电子信息、提供的应用软件,不得设置恶意程序,不得含有法律、行规禁止发布或者传输的信息。电子信息发送服务提供者和应用软件下载服务提供者,应当履行安全管理义务,知道其用户有前款规定行为的,应当停止提供服务,采取消除等处置措施,保存有关记录,并向有关主管部门报告。"第49条:"网络运营者应当建立网络信息安全投诉、举报制度,公布投诉、举报方式等信息,及时受理并处理有关网络信息安全的投诉和举报。网络运营者对网信部门和有关部门依法实施的监督检查,应当予以配合。"第50条:"国家网信部门和有关部门依法履行网络信息安全监督管理职责,发现法律、行规禁止发布或者传输的信息的,应当要求网络运营者停止传输,采取消除等处置措施,保存有关记录;对来源于中华人民共和国境外的上述信息,应当通知有关机构采取技术措施和其他必要措施阻断传播。"此外,《个人信息保护法》第9条规定:"个人信息处理者应当对其个人信息处理活动负责,并采取必要措施保障所处理的个人信息的安全。"第10条规定:"任何组织、个人不得非法收集、使用、加工、传输他人个人信息,不得非法买卖、提供或者公开他人个人信息;不得从事危害国家安全、公共利益的个人信息处理活动。"第38条规定:"个人信息处理者因业务等需要,确需向中华人民共和国境外提供个人信息的,应当至少具备下列条件之一:(一)依照本法第四十条的规定通过国家网信部门组织的安全评估;(二)按照国家网信部门的规定经专业机构进行个人信

第一章 隐私权及网络隐私权

息保护认证；（三）按照国家网信部门制定的标准合同与境外接收方订立合同，约定双方的权利和义务；（四）法律、行政法规或者国家网信部门规定的其他条件。"第40条规定："关键信息基础设施运营者和处理个人信息达到国家网信部门规定数量的个人信息处理者，应当将在中华人民共和国境内收集和产生的个人信息存储在境内。确需向境外提供的，应当通过国家网信部门组织的安全评估；法律、行政法规和国家网信部门规定可以不进行安全评估的，从其规定。"第51条规定："个人信息处理者应当根据个人信息的处理目的、处理方式、个人信息的种类以及对个人权益的影响、可能存在的安全风险等，采取下列措施确保个人信息处理活动符合法律、行政法规的规定，并防止未经授权的访问以及个人信息泄露、篡改、丢失：（一）制定内部管理制度和操作规程；（二）对个人信息实行分类管理；（三）采取相应的加密、去标识化等安全技术措施；（四）合理确定个人信息处理的操作权限，并定期对从业人员进行安全教育和培训；（五）制定并组织实施个人信息安全事件应急预案；（六）法律、行政法规规定的其他措施。"《消费者权益保护法》第7条规定："消费者在购买、使用商品和接受服务时享有人身、财产安全不受损害的权利。消费者有权要求经营者提供的商品和服务，符合保障人身、财产安全的要求。"第29条规定："经营者应当采取技术措施和其他必要措施，确保信息安全，防止消费者个人信息泄露、丢失。在发生或者可能发生信息泄露、丢失的情况时，应当立即采取补救措施。"《中华人民共和国电子商务法》第25条规定："有关主管部门依照法律、行规的规定要求电子商务经营者提供有关电子商务数据信息的，电子商务经营者应当提供。有关主管部门应当采取必要措施保护电子商务经营者提供的数据信息的安全，并对其中的个人信息、隐私和商业秘密严格保密，不得泄露、出售或者非法向他人提供。"以上规定均为网络隐私权主体享有安全请求权提供了法律依据。

基于以上法律条文规定可知，网络隐私权权利主体有权请求收集、使用其个人信息的主体对其个人信息进行安保措施，保证其个人信息资料的安全。无论是出于生活必要的信息流动也好，还是出于信息产业发展需要的信息流动也好，均应当以保护个人的网络隐私安全为前提，唯有这种信息流动才有益于社会发展。在网络交易中，消费者有权享受数据得到安全和负责任的处理的权利。企业应结合自身在个人数据领域的实践评估隐私和安全风险，同时必须采取合理的安全措施以防范可能出现的风险，如数据丢失，数据非法获取、使用、损坏或修改，数据的不当公开。[1] 企业只可处理与数据采集目的相关的个人资料，在这些目的所及的范围内，应采取合理的步骤保证该数据的准确、完整和适时，并且在传输、使用、存储个人资料时应保证它的秘密、安全性。[2] 当消费者认为自己的网络隐私已被泄露、篡改、丢失或有发生这种危险的可能性时，有权向经营者或其他义务主体提出履行保护消费者网络隐私安全义务的请求，收到请求的经营者或其他义务主体应当及时、有效地履行义务，否则应承担相应的法律责任。

网络隐私安全的保障最关键的就是不断提高网络与数据安全技术水平。即便立法对网络隐私权做出了全面且逻辑严谨的保护规定，若没有能够实现相应立法目的的网络及数据安全技术与之相配套，法律也不过是一纸空文。例如，《消费者权益保护法》第7条虽然对消费者的安全保障权做出了规定，但由于网络购物大多采取虚拟的网上支付方式，目前的网络安全技术又尚处于发展阶段，使得消费者大量的身份信息、交易信息等被披露，又得不到有效的安全保障，网上交易与消费者的隐私权等受到巨大的威胁。[3] 因此，网络隐私权保护一定要结合网络与数据安全技术进行研究。

（五）救济权

《民法典》第1 037条第2款规定："自然人发现信息处理者违反法律、行规的规定或者双方的约定处理其个人信息的，有权请求信息处理者及时删除。"《个人信息保护法》第47条第1款规定："有下列情形之一的，个人信息处理者应当主动删除个人信息……（四）个人信息处理者违反法律、行政法规或者违反约定处理个人信息……"《网络安全法》第43条规定："个人发现网络运营者违反法律、行

---

1 周辉，孟兆平，敖重淼，等. 网络环境下消费者数据的隐私保护——在全球数字经济背景下保护隐私和促进创新的政策框架[J]. 网络法律评论，2013，16（1）：214.

2 阮新新. 论网络时代消费者隐私权的保护[J]. 经济问题探索，2005（6）：106.

3 曹利民. 浅析网络购物中消费者权益的法律保护问题[J]. 科技经济导刊，2016（31）：253.

规的规定或者双方的约定收集、使用其个人信息的，有权要求网络运营者删除其个人信息；发现网络运营者收集、存储的其个人信息有错误的，有权要求网络运营者予以更正。网络运营者应当采取措施予以删除或者更正。"《全国人大常委会关于加强网络信息保护的决定》第 8 条规定："公民发现泄露个人身份、散布个人隐私等侵害其合法权益的网络信息，或者受到商业性电子信息侵扰的，有权要求网络服务提供者删除有关信息或者采取其他必要措施予以制止。"第 9 条规定："任何组织和个人对窃取或者以其他非法方式获取、出售或者非法向他人提供公民个人电子信息的违法犯罪行为以及其他网络信息违法犯罪行为，有权向有关主管部门举报、控告；接到举报、控告的部门应当依法及时处理。被侵权人可以依法提起诉讼。"以上规定均为网络隐私权主体享有救济权提供了法律依据。

当网络隐私权受到非法侵犯或经营者等有义务保护网络隐私的主体不履行法律法规规定的相应义务时，网络隐私权权利主体有权通过向有关部门举报或向法院起诉等程序获得救济。但在互联网环境下，环境的复杂性及信息传递的多样性，使得网络用户在维权方面面临着比传统隐私权更加难以取证、难以确定被告等困难，导致很多时候消费者的救济权无法得到实现。

（六）报酬请求权

个人信息是具有商业价值的一种财产，属于个人所有。[1] 个人信息报酬请求权是指本人因其个人信息被商业性利用而得以向信息处理主体请求支付对价的权利。特定的信息处理者必须在信息控制、处理与利用前后向本人提供一定的报酬。[2] 虽然《民法典》《网络安全法》《个人信息保护法》等网络隐私权相关法律法规中没有明确指出网络隐私权权利主体的报酬请求权，但基于民法的一般理论及长期的司法实践也可以推导出权利主体享有报酬请求权的结论。

（七）拒绝权

依据我国现行网络隐私权相关法律法规规定，这里的拒绝权包括两个方面的内容：

---

[1] 黄倩. 个人信息保护立法为何这么难：访北京邮电学网络法律研究中心主任刘德良[J]. 方圆法治，2011（6）：30.

[2] 卢艳宁. 个人信息采集及个人隐私权的法律保护[J]. 法制与经济（下旬），2010（10）：52.

第一，拒绝他人打扰私人生活安宁的权利（如《消费者权益保护法》第 29 条第 3 款[1]、《全国人大常委会关于加强网络信息保护的决定》第 7 条[2]）。在"刘某、某银行股份有限公司某市分行侵权责任纠纷案"中，一审法院认为：随着科学技术尤其是网络技术的发展，现代社会信息传播速度快、影响力大、覆盖面广，保证个人信息的隐秘、安全和正当合理使用已经成为维护个人生活领域安宁、保持个人良好生活环境的重要手段，因此公民的个人信息应当属于一般人格权的范畴，受到法律保护。个人信息除传统的姓名、家庭住址、工作情况，还应包括手机号码等其他所有专属于本人并可将本人与他人识别开来的信息总和。因此，手机号码作为个人信息应属于一般人格权的保护范围。为享受余额变动、消费提醒等服务及方便银行在发生紧急情况时与其联系，刘某在申领信用卡时需如实向银行提供自己的手机号码，某银行的某分行获取刘某的个人信息并无不当之处。但在获取刘某的手机号码后，某银行的某分行有义务妥善保管该信息，并在合理限度内适当地利用其所获取的个人信息。未经持卡人明示同意或者请求，某银行的某分行不得利用其所掌握的手机号码向持卡人发送商业性短信息，发送信息后如持卡人明确表示拒绝接收该类信息的，即应当立即停止向其发送。因专用服务号码的专有性及用途特殊性，即便持卡人同意接收信息，金融机构也不得滥用持卡人对专用服务号码的高度信赖而使用该号码向用户发送商业性信息。在本案中，某银行的某分行使用其专用服务号码向持卡人发送商业性信息，并未取得持卡人同意或经持卡人请求。为避免错过正常用卡过程中需要获取的交易信息，刘某难以使用手机安全软件屏蔽该号码发来的信息（即使可以通过某种技术手段屏蔽商业性信息，亦是不合理地加重了刘某的负担），只能在收到商业性信息后手动删除，势必会对刘某的正常生活造成困扰，打扰刘某个人生活的安宁。在刘某通过短信方式明确表示拒绝接收该类信息后，根据《全国人

---

[1]《消费者权益保护法》第 29 条第 3 款："经营者未经消费者同意或者请求，或者消费者明确表示拒绝的，不得向其发送商业性信息。"

[2]《全国人大常委会关于加强网络信息保护的决定》第 7 条："任何组织和个人未经电子信息接收者同意或者请求，或者电子信息接收者明确表示拒绝的，不得向其固定电话、移动电话或者个人电子邮箱发送商业性电子信息。"

第一章 隐私权及网络隐私权

民代表大会常务委员会关于加强网络信息保护的决定》第 7 条"任何组织和个人未经电子信息接收者同意或者请求,或者电子信息接收者明确表示拒绝的,不得向其固定电话、移动电话或者个人电子邮箱发送商业性电子信息"的规定,某银行的某分行应停止向刘某发送商业性信息。但某银行的某分行并未停止发送信息,亦未向刘某提供便捷的退订方式,而是以需要核实身份为由要求刘某拨打客服电话或至银行柜台办理相关手续,人为设置了退订商业性信息的障碍。从本案刘某起诉后某银行的某分行即停止向刘某发送商业性信息亦可推论,停止向持卡用户发送商业性信息并不存在技术上的障碍。某银行的某分行单方面制定的退订方式不合理地限制了刘某的权利,加重了刘某的义务。综上,某银行的某分行超出合理限度利用其掌握的刘某手机号码向其发送商业性信息,因查看及删除上述信息,刘某的个人生活安宁受到打扰,某银行的某分行的行为侵犯了刘某个人信息受保护的权利,应承担侵犯一般人格权的法律责任。

第二,权利人可以拒绝他人对其个人信息进行处理的权利(如《个人信息保护法》第 44 条)。信息处理者或其他义务主体不应当侵犯网络隐私权主体的该项权利,否则要承担相应的法律责任。该项权利设立的目的是网络隐私权权利主体能够主动地维护自身合法权益,防止损害的发生或及时止损,有效避免权益被侵害后再去被动地行使救济权的麻烦。赋予权利主体这一权利内容不仅可以起到防患于未然的作用,还可以大大减少相关纠纷的数量,有利于促进社会和谐。

需要注意的是,网络隐私权的内容并非一成不变,而是会随着社会的发展及网络技术的提高而不断发展变化。

三、网络隐私权的侵权问题

(一)网络隐私权的侵权方式

1960 年,William L.Prosser 提出的隐私权理论奠定了现代隐私权法理论的基础,并确定了四种侵犯他人隐私权的行为。这四种行为包括:①盗用(embezzle),将他人姓名或类似标记用作商业用途;②入侵(intrusion),不合理地侵入或故意干扰他人安宁;③公开(public disclosure of private facts),向公众宣扬他人的私人信息;

④误导（false light in the public eye），歪曲他人形象而侵犯他人的公众形象。[1] 依据我国《民法典》第1 032条规定，隐私权的侵害包括刺探、侵扰、泄露、公开四种方式。第1 033条又明确列举了几种主要的隐私权的侵害行为，具体包括：①以电话、短信、即时通讯工具、电子邮件、传单等方式侵扰他人的私人生活安宁；②进入、拍摄、窥视他人的住宅、宾馆房间等私密空间；③拍摄、窥视、窃听、公开他人的私密活动；④拍摄、窥视他人身体的私密部位；⑤处理他人的私密信息；⑥以其他方式侵害他人的隐私权。因随着社会的不断发展，还会出现新的隐私权侵权方式，故立法者在最后规定了兜底条款。

在网络交易环境下，侵害隐私权的方式会比传统隐私权复杂。网络隐私权的核心可以说是网络交易环境下的消费者隐私权。因此，我们研究网络隐私权的侵权方式，重点是考察和总结消费者网络隐私权的侵权方式。侵害消费者网络隐私的行为主要包括随意收集、违法获取、过度使用、非法买卖个人信息，利用个人信息侵扰人民群众生活安宁、危害人民群众生命健康和财产安全等行为。依据我国《侵害消费者权益行为处罚办法》第11条第1款的规定，经营者侵犯消费者个人信息权的行为可分为以下三种方式：①未经消费者同意，收集、使用消费者个人信息。网络经营者可以通过多种途径获得消费者的个人信息，包括通过跟踪技术自动获得、消费者自愿披露和通过专业追踪软件获得等。有些经营者会通过吸引消费者参与某项活动或接受免费赠品等方式让消费者自愿提供其隐私信息，此时表面上看消费者是出于自愿，并得到了一些好处，但实际上经营者很可能是另有企图，是一种欺骗式的个人信息收集。②泄露、出售或者非法向他人提供所收集的消费者个人信息。在网络消费中，消费者向网站提供个人信息是用作其自身的消费，经营者和网络服务商都无权任意传播或向第三方透露消费者的信息。但现实中很多经营者会把用以识别消费者个人身份的信息在消费者不知情或未经消费者同意的情形下泄露给第三方。在一些电子商务网站中，消费者需要提供大量内容详细的个人信息，一些商家为了牟取私利，将这些信息与其他商业机构进行交换，或者将这些信息有偿转让给第三方，消费者的隐私被作为商品却无法获得任何相应的对价，这是侵犯消费者隐私权

---

[1] PROSSER W L. Privacy[J]. California Law Review，1960(48)：383-389.

第一章　隐私权及网络隐私权

的重大侵权行为。[1] 甚至可能构成《中华人民共和国刑法》（以下简称《刑法》）中的"侵犯公民个人信息罪"或"拒不履行信息网络安全管理义务罪"（详见第三章第二节）。③未经消费者同意或者请求，或者消费者明确表示拒绝，向其发送商业性信息。当消费者访问网站时，网络服务商可以通过消费者的IP地址了解和跟踪其在网站的动向，了解其消费习惯和消费特点，并在此基础上向消费者有针对性地发送商业广告。例如，某网络服装商在非法获得消费者的个人消费记录、网上浏览记录等信息后，从中分析出消费者的个人喜好，将一些符合消费者喜好的服装信息，以轰炸的方式向消费者推送，从中获得销售机会，取得经济利益。[2] 而这一切往往是未经过消费者同意或请求的，甚至在消费者明确表示拒绝的情况下，仍然通过邮件、短信、电话等方式向消费者发送商业广告，侵犯消费者的私生活安宁的权利。

（二）网络隐私权的侵权主体

关于哪些主体可以成为网络隐私权的侵权主体，《民法典》首先指明了任何组织或者个人都有可能成为网络隐私权的侵权主体，接着在具体规定中将网络隐私权的侵权主体大体分为了"信息处理者"和"履行职责过程中知悉自然人隐私和个人信息的国家机关、承担行政职能的法定机构及其工作人员"。

从理论上，根据网络隐私权的侵权主体不同，网络隐私权侵权行为可以分为以下几种[3-4]：

（1）部分软硬件设备供应商的蓄意侵权行为。某些软件和硬件生产商在自己销售的产品中做手脚，专门从事收集消费者个人信息的行为。例如，某公司就曾经在其生产的某代处理器内设置"安全序号"，每个使用该处理器的计算机能在网络中被识别，生产厂商可以轻易地收到用户接、发的信息，并跟踪计算机用户活动，大量复制、存储用户信息。[5]

---

[1] 鞠晔. 论消费者网络隐私权的法律保护[J]. 法制与社会，2011（32）：109.
[2] 张笑星. 浅析网络消费中消费者隐私权的保护[J]. 河北农机，2019（7）：73.
[3] 秦祖伟. 论网络时代个人隐私权的保护[J]. 经济与社会发展，2005（10）：99-100.
[4] 江雯雯. 论网络环境下隐私权的法律保护[J]. 职工法律天地，2018（14）：143.
[5] 胡淑红，刘建兰，黄云. 论电子商务中网络隐私安全的保护[J]. 企业经济，2006（11）：149.

（2）网络服务提供商的侵权行为。包括互联网内容提供商（ICP）的侵权行为和互联网服务提供商（ISP）的侵权行为。互联网内容提供商是通过建立网站向广大用户提供信息，如果互联网内容提供商发现明显的公开宣扬他人隐私的言论，采取放纵的态度任其扩散，互联网内容提供商就构成侵害用户隐私权，应当承担过错责任。[1]互联网服务提供商承担侵权责任的情形主要有以下两种：①基于主观故意（直接故意或间接故意），直接侵害用户的隐私权的情形。实践中，网络服务提供商收集网络使用者的信息经常使用两种方法。第一种方法是，当消费者进行网上购物或者上网浏览相关购物信息时会被要求填写一些表格，有些表格涉及消费者的真实姓名、身份证号码、手机号码、家庭住址、出生日期等，这些隐私信息被网络服务提供商掌握后，就有了信息被泄露的可能性。第二种方法是，利用专业追踪软件对消费者进行的网购行为或网上浏览行为进行追踪，获取有关消费者的一些隐私信息，这就为网络经营者以有偿方式向他人出售已掌握的信息或进行其他非法处理或者有针对性地向相关用户发送商业广告，从而获取非法利益提供了可能性。此外，现实生活中较常见的网络经营者侵犯用户网络隐私权的不法行为还包括：未经授权拦截和复制他人发送的电子信息，从而保存或收集用户的个人信息；在未取得用户授权的情况下，转移或关闭网络用户的电子邮件，造成用户邮件内容丢失，个人隐私、商业秘密泄露；未经授权进入网络用户的电子邮件或其他网络私人空间，收集和窃取他人的信息材料等。②他人在网站上发表侵权信息的情形。[2]

（3）平台内经营者的侵害。我国比较主要的平台经营者的经营模式基本上是一个平台下的自主经营的店铺商家各谋其政，互不相关，平台运营商对于各私有店铺并不存在实际的约束力。实践中，很多电商管理松懈、条理不明、漏洞百出，这就纵容了很大一部分商家不按规则行事，侵犯消费者的合法权益。[3]商家对消费者个人资料的收集应征得消费者的同意并在合法范围内使用，但实践中很多商家并没有履

---

1 胡淑红，刘建兰，黄云. 论电子商务中网络隐私安全的保护[J]. 企业经济，2006（11）：149.
2 同上。
3 卢萌萌. 浅析网络消费者隐私权保护缺失及对策——以淘宝网为例[J]. 中国商论，2015（7）：152.

第一章　隐私权及网络隐私权

行相应的义务，而是未经消费者同意便收集其个人信息或者对收集到的消费者的个人信息进行非法利用和处理。

个人数据交易目前有两种形式，一种是商家之间相互交换个人信息或与合作伙伴共享信息。两个商家之间通过协商各取所需，互相交换双方所掌握的个人信息。这种共享使个人数据用于交易以外的目的，个人数据有可能被更多的商家知晓和利用，无异于变相侵害个人隐私。[1] 另一种是个人资料买卖，将个人数据作为"信息产品"销售给第三人或转让给他人使用。网络平台经营者中有的是专门出售个人资料的公司，它们通过各种渠道收集了许多人的个人资料后明码标价公开出售。这种方式将个人资料商品化却没有向消费者个人支付任何对价，而且往往未经所涉及的个人同意，这完全违背了保护个人隐私权的原则。[2]

（4）商业组织的侵权行为。实践中有很多专门从事网上调查业务的公司进行窥探业务非法获取、利用他人隐私。某些网络公司使用具有跟踪功能的"cookie"工具浏览和定时跟踪用户在网站上所进行的操作，并自动记录用户访问的站点和内容后将这些资料发送给网络公司。网络公司会根据这些资料掌握用户的兴趣、爱好及其他信息，并建立庞大的资料库。这些网络公司也可能会把收集到的用户个人信息转让、出售给其他公司，以此牟利。此外，网络公司还可能向收集到的用户的手机或邮箱发送推销广告等垃圾邮件，打扰用户的正常生活。

（5）网络所有者或管理者的监视及窃听。对于局域网内的计算机使用者，某些网络的所有者或管理者会通过网络中心监视使用者的活动，窃听个人信息，尤其是监控使用人的电子邮件，这种行为严重地侵犯了用户的隐私权。[3]

（6）网络用户的侵权行为。此处的网络用户是指身份经过认证的连接在互联网上的个人和法人，它们构成电子商务交易的主体。网络用户利用网络侵害他人网络隐私权的行为主要表现为：①非法侵入他人计算机；②非法截取他人传输的信息；③擅自披露他人个人信息；④大量发送垃圾邮件等。依据《最高人民法院关于审理

---

[1] 王希. 网络环境下的消费者隐私权保护[J]. 法制与经济（下旬），2011（1）：98.
[2] 同上.
[3] 胡淑红，刘建兰，黄云. 论电子商务中网络隐私安全的保护[J]. 企业经济，2006（11）：150.

利用信息网络侵害人身权益民事纠纷案件适用法律若干问题的规定》第 2 条的规定，当网络用户被侵害隐私权时，依据《民法典》第 1 195 条、第 1 197 条的规定起诉网络用户或者网络服务提供者的，人民法院应予受理。在网络用户起诉网络用户时，网络用户可以请求追加涉嫌侵权的网络服务提供者为共同被告或者第三人。原告仅起诉网络服务提供者时，网络服务提供者可以请求追加可以确定的网络用户为共同被告或者第三人。依据《最高人民法院关于审理利用信息网络侵害人身权益民事纠纷案件适用法律若干问题的规定》第 3 条的规定，原告起诉网络服务提供者，网络服务提供者以涉嫌侵权的信息系网络用户发布为由抗辩的，人民法院可以根据原告的请求及案件的具体情况，责令网络服务提供者向人民法院提供能够确定涉嫌侵权的网络用户的姓名（名称）、联系方式、网络地址等信息。网络服务提供者无正当理由拒不提供的，人民法院可以依据《中华人民共和国民事诉讼法》第 114 条的规定对网络服务提供者采取处罚等措施。原告可以根据网络服务提供者提供的信息请求追加网络用户为被告。

（7）网上支付机构的侵害。网上支付手段按照渠道可以分为网上银行支付和非银行支付，后者也称为第三方支付机构。为规范非银行支付机构网络支付业务，防范支付风险，保护当事人合法权益，2015 年，中国人民银行制定了《非银行支付机构网络支付业务管理办法》。依据本办法第 2 条的规定，"本办法所称支付机构"是指依法取得《支付业务许可证》，获准办理互联网支付、移动电话支付、固定电话支付、数字电视支付等网络支付业务的非银行机构；"本办法所称网络支付业务"是指收款人或付款人通过计算机、移动终端等电子设备，依托公共网络信息系统远程发起支付指令，且付款人电子设备不与收款人特定专属设备交互，由支付机构为收付款人提供货币资金转移服务的活动。第三方支付机构侵害消费者网络隐私权的表现方式主要有：①在提供网上服务和交易过程中，大量收集未经客户同意或授权的个人信息；②篡改收付款客户名称、收付款支付账户账号或者银行账户的开户银行名称及账号；③泄露或丢失客户的银行账号等个人信息。

（8）黑客的侵害。通常意义上的网络黑客是指通过互联网利用非正常手段入侵他人计算机系统的人。实践中，比较常见的黑客侵害方式包括利用手机信号劫持设

第一章 隐私权及网络隐私权

备等工具,非法截获受害者短信验证码、手机号码,实施网络身份假冒攻击,并结合社工(如钓鱼网站)或黑产交易等方式获得受害者身份证号码、银行卡号、支付平台账号等其他敏感信息,进而盗刷受害者银行卡、骗取借款等。为了有效抵御网络黑客攻击,可以采用防火墙作为安全防御措施。这类攻击主要利用了短信验证码在用户身份验证方面存在的安全缺陷,具有攻击手法工具化、攻击影响范围广、缺陷修复难度大、攻击过程全链条化及攻击过程隐匿化等特点。[1]

(三)网络隐私权侵权案件的举证责任分配规则

我国举证责任的分配一般遵循"谁主张,谁举证"的原则,其法律根据是《中华人民共和国民事诉讼法》第64条第1款的规定。依据该原则,无论是原告、被告、共同诉讼人、诉讼代表人,还是诉讼中的第三人,都有责任对自己的主张提供证据加以证明。《最高人民法院关于民事诉讼证据的若干规定》(以下简称《证据规定》)第4条中列举了举证责任倒置情形。根据《证据规定》第4条及《民法典》侵权责任编的相关规定,侵犯隐私权案件并不属于举证责任倒置的情形,故提起侵犯隐私权诉讼时,应当遵行"谁主张,谁举证"的举证责任一般原则。但在司法实务中,有的法院在审理侵犯隐私权案件时,考虑到原告的弱者地位而采取了举证责任倒置的原则。例如,在"林某与某航空股份有限公司侵权责任纠纷案"中,二审法院认为:虽然"谁主张,谁举证"是民事诉讼中举证责任的一般原则,但结合案件的具体情况,人民法院可以根据公平原则和诚实信用原则,综合当事人举证能力等因素确定举证责任的承担。本案中,林某已经举证证明了其个人信息是从售票渠道泄露出去的基本事实,但对于该信息是由谁及被泄露的具体环节等证据未能举示。对此法院认为,售票系统由某航空公司及与其有合同关系的第三方掌握,某航空公司占有或者接近上述证据材料人,有条件并有能力收集相关证据。林某系远离证据材料、又缺乏必要的收集证据的条件与手段的普通消费者,某航空公司收集证据的能力明显强于林某,在举证中处于有利地位。在林某已经尽自己的所能,将其客观上能够

---

[1] 全国信息安全标准化技术委员会秘书处.网络安全实践指南—应对截获短信验证码实施网络身份假冒攻击的技术指引[EB/OL]. (2018-2-11)[2020-08-07]. https://www.tc260.org.cn/front/postDetail.html?id=20180211153548.

收集到的证据予以举示,证明了其信息在售票渠道被泄露的基本事实,且某航空公司没有举示证据的情况下,要求林某进一步举证,显然超出其举证能力,有违公平原则。最后做出林某的证据虽不能证明其个人信息被泄露的具体环节,但已能证明其个人信息是通过某航空公司的售票系统有关环节被泄露,且某航空公司未尽到保障消费者个人信息安全的相关义务,因此某航空公司应当承担侵权责任的判决。在司法审判实践中,法官在审理网络隐私权案件时,并不会因为网络隐私权主体无法举证而使其承担不利后果。在网络隐私权纠纷案件中,网络隐私权主体只要举证证明自己的网络隐私是由被告行为所侵害即可,而其他证明责任最终转移给了信息处理者,这实际上遵循的是举证责任倒置原则。作者认同这种做法。原因在于,在侵害隐私权的主观方面上,网络技术的发展使信息收集变得更加容易,侵权人可以通过使用相关技术、软件实现其侵权目的。无论这些相关技术或软件开发的目的是什么,利用这些技术或软件侵害他人网络隐私的行为在主观上应该被认为是有过错的,因为能够熟练运用相关技术或软件的主体一定是有能力预见其侵害结果的,当在客观上产生侵害网络隐私权的结果时,便构成了应当被追究法律责任的侵权行为。也就是说,过错仍构成侵害消费者个人信息隐私权的必要条件。[1]但以过错责任原则作为归责原则,实行"谁主张,谁举证"的举证责任制,这对网络用户而言显然不公平。网络对消费者个人隐私权的侵害带有极强的技术性和隐蔽性,一般网络用户很难知晓,要求其提供证据无疑超出其举证能力,有违公平原则。举证责任倒置更有利于保护网络用户的隐私权,也能够避免信息处理者因网络用户无法举证而逃避法律责任的现象发生。通常,在侵害一般隐私权的救济方式上,更多的是让侵权人承担停止侵害、消除影响、恢复名誉、赔礼道歉等民事责任。而在网络环境中,仅仅适用上述传统隐私权的救济方式,不利于网络隐私权的保护。赔偿损失,尤其是赔偿精神损害和名誉上的损害将成为网络侵害个人信息隐私权最重要的救济方式。[2]

---

[1] 齐恩平. 论网上交易合同中对消费者个人信息隐私权的侵害及保护[J]. 当代法学,2002(10): 138.

[2] 同上。

第二章

网络交易中的消费者隐私权

第一节 消费者概述

一、消费者的含义

消费者法是为应对消费者问题而产生的法律。消费者问题是"生产"与"消费"[1]或

---

[1] 在与"生产"的对比中谈论"消费",在欧洲是 16~18 世纪时候的事情。16~17 世纪的英格兰各个城镇,出现了很多生产肥皂、糨糊、袜子等各种消费品的企业(サースク,J. 三好洋子. 消費社会の誕生—近世イギリスの新企業[M]. 東京:東京大学出版会,1984.)。到了 18 世纪,经济学对"消费"做出了如下定义:消费是与生产和流通相区别的经济过程的最终阶段的活动,是财富的利用。然而,向把"消费"作为"生产"的原动力,所有人参加"消费"的"消费社会(consumer society)"前进,在欧洲是 19 世纪后半期,在日本是 20 世纪初的事情(大村敦志. 消費者法[M]. 4 版. 東京:有斐閣,2011.序章 2 頁を参照)。具体可以把 20 世纪初至 20 世纪 60 年代作为消费社会时代来定位(参见日本平成 20 年版国民生活白皮书第 2 章第 1 节)。当时,韩国统合了原本对饮食店、饮用水、牛奶等分别进行的规制,于 1962 年制定了《食品卫生法》。自 20 世纪 60 年代后半期起,随着经济增长,工业用品的生产增多,在通过品质标示・品质检查及品质提高维护消费者利益的同时,以提高工业用品的质量为目的制定了《工业产品品质管理法》(1968 年)(李種仁,細川幸一. 韓国における消費者政策の進展と日本への示唆[J]. ESP,2005(2):78-91.)。1993 年,《工业产品品质管理法》被更名为《品质经营促进法》。我国在 20 世纪 50~60 年代期间,在制定很多食品卫生标准及管理办法的过程中,于 1965 年制定了有关食品卫生的法规《食品卫生管理试行条例》(謝黎. 中国における消費者保護関係法としての《食品衛生法》[J]. 大阪府立大学経済研究. 1999,45(4):99-114.)。

"生产者"与"消费者"相分离所产生的问题。"消费"及"消费者"概念的重要性,也可以通过这种过程去理解。[1]

一个严谨的消费者定义,会有利于准确界定消费者的范畴,进而判断是否适用专门的消费者保护法律法规。相反,在未对消费者做出准确定义的情形下,与消费者有关的各项工作都难以得到顺利开展。可以说,正确定义消费者是解决一切消费者问题的前提。消费者立法、执法及政策均须在准确理解消费者的含义的基础上开展。[2]

消费者是在私人市民生活关系中,着眼于对商品或服务进行消费的侧面及特性提取的概念。[3]关于如何对消费者做出定义,有很多表现形式。竹木教授认为,消费者是指为消费生活购买或利用他人供给的物资或服务的人,消费者是与供给者相对立的概念[4-5];大村教授认为,消费者是指以与营业没有直接关联为目的做出行为的人[6];今村教授认为,消费者是指既是生活者,又是普通公民的同时,在交易过程的末端,以购买人的身份出现的人[7];加藤教授认为,消费者是普通公民从消费生活这个市民生活的侧面捕捉的概念[8]。在我国,作为汉语词语,消费被定义为:消费是人类通过消费品满足自身欲望的一种经济行为。具体说来,消费包括消费者的消费需求产生的原因、消费者满足自己的消费需求的方式、影响消费者选择的有关因素。在经济学中,消费是指家庭除购买新住房之外用于物品与劳务的支出。作为经济学名词,消费被认为是社会再生产过程中的一个重要环节,也是最终环节。它是指利用社会产品来满足人们各种需要的过程。消费又分为生产消费和个人消费。

---

[1] 大村敦志. 消費者法[M]. 4版. 東京:有斐閣,2011:20.

[2] 朴成姬. 消费者问题中的当事人构造的再研讨:以中日韩三国消费者保护相关法制的比较为中心[M]. 北京:中国检察出版社,2016:26.

[3] 若原紀代子. 民法と消費者法の交錯[M]. 東京:成文堂,1999:27.

[4] 竹内昭夫ほか. 現代の経済構造と法[M]. 東京:筑摩書房,1975:14.

[5] 竹内昭夫. 消費者保護法の理論[M]. 東京:有斐閣,1995:12.

[6] 大村敦志. 消費者法[M]. 4版. 東京:有斐閣,2011:26.

[7] 今村成和. 私的独占禁止法の研究(4-2)[M]. 東京:有斐閣,1976:319.

[8] 加藤一郎. 消费者行政に限界はあるか[J]. ESP,1978,5:6.

第二章 网络交易中的消费者隐私权

前者指物质资料生产过程中的生产资料和生活劳动的使用和消耗；后者是指人们把生产出来的物质资料和精神产品用于满足个人生活需要的行为和过程。因此，消费者概念具有多样性，无法对其做出明确规定，具有相对性和可变性。[1]

依据《消费者权益保护法》第2条的规定，消费者是指为生活消费需要购买、使用商品或者接受服务的人。农民基于其社会地位的特殊性，购买、使用直接用于农业生产的生产资料时也被认定为是消费者。[2]

关于消费者是否限于自然人，综观各国消费者立法，大体分为三种立法模式。第一种立法模式是将消费者限定于自然人，排除法人和其他组织。采取此立法模式的有欧盟、英国、美国、日本、俄罗斯等。第二种立法模式是将法人纳入消费者范畴，认为消费者既包括自然人，也包括法人。采取此立法模式的国家有西班牙、墨西哥等。第三种立法模式是笼统以法律上"人"的概念界定消费者，并没有明确具体是自然人或是法人。采取此种立法模式的国家或地区有韩国、我国台湾地区等。作为我国消费者基本法的《消费者权益保护法》并未正面给出消费者定义，但在《消费者权益保护法》制定之初，我国很多地方如上海、天津、安徽、湖南、吉林、浙江、青海、福建、云南、甘肃、内蒙古、贵州、江西、河南、海南等的消费者保护规则中将消费者定义为：为生活消费需要而购买、使用商品或者接受服务的单位或者个人。但后来上海、天津、安徽、湖南、福建、甘肃、内蒙古现行消费者保护法实施办法或保护条例已经予以修改，没有明确指出"单位"属于消费者范畴。江西、吉林、浙江、青海、云南、深圳、海南等地仍将"单位"纳入消费者范畴。立法机关认为消费者原则上应当限于自然人，但考虑到仍有不同意见，2013年修改《消费者权益保护法》时并没有对此明确规定。我国判例学说上通说认为，所谓消费者，是指为生活消费的需要而购买商品或者接受服务的自然人。[3-4] 在这一点上，《消费者权益保护法》的规定与国际通说相一致。进行消费活动的社会组织、企事业单位

---

1 佐藤祐介，松岡勝実. 消費者市民社会の制度論[M]. 東京：成文堂，2010：98.
2 《消费者权益保护法》第62条："农民购买、使用直接用于农业生产的生产资料，参照本法执行。"
3 中国法制出版社. 中华人民共和国消费者权益保护法[M]. 北京：中国法制出版社，2009：4.
4 梁慧星. 消费者权益保护法第49条的解释与适用[N]. 人民法院报，2001-3-29（003）.

不能成为消费者保护法上的"消费者"。[1] 不过,对于社会组织、企事业单位能否成为消费者这个问题,学者之间有分歧。有学者认为,如果这些主体将购买的生活消费品作为生活福利发给员工使用,或生活消费品最终归个人使用的情形下,这些主体也应纳入消费者的范畴[2];也有一些学者认为,《消费者权益保护法》中所指的"消费者"原则上仅限于自然人,而不应当包括单位(包括企事业单位和其他组织体),单位因消费而购买商品或接受服务,应当受《中华人民共和国合同法》的调整,而不应当受《消费者权益保护法》的调整。[3]

现实生活中容易引起争议的是金融消费者、患者及受教育者是否属于消费者范畴的问题。关于金融消费者,我国多数学者认为,金融消费者属于消费者范畴。关于患者,部分地方性法规(如《湖南省消费者权益保护实施条例》第 37 条[4]、福建省实施《中华人民共和国消费者权益保护法》办法第 36 条[5]及第 37 条[6]、浙江省实施

---

[1] 森濱田松本法律事務所. 中国における製造物責任と消費者紛争[M]. 東京:ジェトロ北京センター知的財産権部,2006:15.

[2] 中国法制出版社. 中华人民共和国消费者权益保护法[M]. 北京:中国法制出版社,2009:4.

[3] 王利明. 重新认识"消费者"[J]. 北京工商,2003(12):13.

[4] 《湖南省消费者权益保护实施条例》第 37 条:"医疗机构进行医疗服务,应当尊重患者的知情权、治疗选择权以及隐私权。医疗机构除实施紧急抢救的外,应当事先向患者或者其家属告知需要进行的检验检查项目及收费标准、需要使用药品的作用及价格;应当允许患者或者其家属依法查阅、复印检验检查报告、手术及麻醉记录、护理记录、医嘱单、处方等有关医疗资料;应当按照规定收费,列出医疗收费明细项目,向患者或者其家属定期提供收费清单;使用贵重药品或者特殊器械,应当事先征得患者或者其家属同意。"

[5] 福建省实施《中华人民共和国消费者权益保护法》办法第 36 条:"医疗机构及其医护人员应当规范书写并妥善保管病历资料,方便患者或者其亲属查阅或者复印处方笺、住院志、医嘱单、检验检查报告、手术及麻醉记录单等病历资料;未经患者或者其亲属同意,不得公开患者病情。医疗机构不得使用无生产批准文号的药品;不得限制门诊患者或者其亲属持处方笺在其他医疗机构或者医药商店购买药品,但医疗用的毒性药品、精神药品、麻醉药品及戒毒药品除外。"

[6] 福建省实施《中华人民共和国消费者权益保护法》办法第 37 条:"医疗机构提供诊疗护理服务应当明示服务内容和收费标准,按照规定向住院患者或者根据门诊患者的需要出具详列收费项目、标准及金额的收费清单,不得收取未提供服务或者药品的费用,不得收取高于实际服务标准的费用,不得有其他违法收费的行为。"

第二章 网络交易中的消费者隐私权

《中华人民共和国消费者权益保护法》办法第 17 条[1]等）在消费者保护法实施办法或保护条例中规定患者属于或部分属于消费者。围绕医疗服务合同纠纷是否适用《消费者权益保护法》的问题在司法部门引起了广泛的争议。归纳起来，主要有三种观点。第一种观点认为，我国的卫生事业是国家实行一定福利政策的社会公益事业，医患关系不能等同于提供服务的经营者与接受服务的消费者之间的关系，医疗服务合同纠纷不适用《消费者权益保护法》的有关规定。第二种观点认为，在现实生活中，"健康"早已成为人们最基本的生活要求，患者接受的有偿医疗服务就是为实现健康目的而进行的一种消费行为，尽管我国医院是不完全以营利为目的的公益性事业单位，但不可否认的是，医院所提供的服务和药品都是有偿的，患者需要花钱才能享有医疗服务，医生、医院为患者提供的医疗服务完全符合《消费者权益保护法》第 2 条规定的"消费者为生活消费需要购买、使用商品或者接受服务"的情形，医院出售的药品也属于《消费者权益保护法》中所称的"商品"，医患之间的关系仍然是一种消费行为，只不过是一种比较特殊的消费行为而已。因此，医疗服务合同纠纷理应受到《消费者权益保护法》保护。第三种观点认为，在我国，医疗服务合同纠纷应区分医疗机构的性质是营利性的还是非营利性的，来决定是否适用《消费者权益保护法》，因为目前国家正在对有关城镇医药卫生体制进行改革，当前我国并未把所有的医院推向市场，而是实行营利和非营利医疗机构分类管理，两者实行不同的财政、税收和价格政策。就营利性医疗机构而言，其提供医疗服务实行的

---

[1] 浙江省实施《中华人民共和国消费者权益保护法》办法第 17 条："美容医疗机构提供医疗美容服务的（因疾病治疗涉及的修复重建除外），应当事先向消费者本人或者其监护人书面告知实施医疗美容项目的适应症、禁忌症、美容方式和效果、医疗风险、医用材料、负责实施医疗美容项目的主诊医师和注意事项等，并取得消费者本人或者其监护人的书面确认。对美容效果的约定应当以图片、音像等事后可以核对的方式保留。因美容医疗机构责任导致医疗美容达不到约定效果或者消费者容貌受损的，美容医疗机构应当根据消费者的要求退还费用或者重作，并依法赔偿损失。美容医疗机构明知其服务存在缺陷仍然向消费者提供服务，或者未取得资质的机构和个人实施医疗美容，造成消费者死亡或者健康损害的，受害人有权依照《中华人民共和国消费者权益保护法》第五十五条的规定向经营者要求赔偿。"

是市场调节价,而非营利性医疗机构实行的是政府指导价。因此,营利性医疗机构应当适用《消费者权益保护法》,而非营利性医疗机构则不适用《消费者权益保护法》,而是适用其他专项法规或有关立法的规定。[1] 一些地方消费者保护法实施办法或保护条例对教育服务问题做了规定。例如,内蒙古自治区实施《中华人民共和国消费者权益保护法》办法第35条规定:"各级各类学校和各类培训机构应当遵守法律、法规,保证教育和培训质量,维护受教育者的合法权益。招生宣传不真实或者没有履行承诺,给受教育者造成损失的,应当依法承担赔偿责任。"《河南省消费者权益保护条例》第22条规定:"非学历教育培训服务机构应当如实告知受教育者培养目标、教育项目、课程设置、师资状况、办学与教学地址、学习时限、收费项目和标准、发放证书的认可机构等情况。有下列行为之一的,经营者应当退还有关费用,并依法承担相应赔偿责任:(一)以虚假招生简章或者广告欺诈受教育者;(二)擅自提高收费标准或者增加收费项目;(三)达不到承诺的教育标准,或者不提供相应的教学设备和设施;(四)以不正当理由使受教育者提前终止或者延迟学业;(五)颁发的证书得不到有关机构认可;(六)法律法规规定的其他侵害受教育者合法权益的行为。"《安徽省消费者权益保护条例》第39条规定:"非公益性或者非学历培训教育服务经营者,应当如实告知消费者培训教育内容设置、师资状况、费用标准等情况……非公益性或者非学历培训教育服务经营者不得有下列情形:(一)以虚假的培训教育成果、就业保证等,诱导消费者;(二)安排不合格人员从事培训教育授课;(三)擅自提高收费标准或者增加收费项目;(四)培训教育场所、设施设备不符合安全规定;(五)以不正当手段迫使消费者终止学业。非公益性、非学历培训教育服务经营者有前款所列情形之一,消费者提出退学要求的,非公益性、非学历培训教育服务经营者应当自要求提出之日起五日内退还全部培训教育费用,并承担相应的赔偿责任。"

---

[1] 周建宁.医疗纠纷能否适用《消费者权益保护法》[EB/OL].(2014-10-16)[2020-09-01]. https://www.chinacourt.org/article/detail/2014/10/id/1460688.shtml.

第二章　网络交易中的消费者隐私权

依据 2021 年 1 月 1 日起施行的《民法典》第 128 条可以确定我国法律将"消费者"列为民事主体的范畴[1]，因此"消费者权利"性质就属于民事权利，民事法律法规中的民事权利保护规定均可适用于该权利。一直以来，消费者权益保护采取的是包括民法保护、行政法保护、刑法保护等在内的多重保护机制。这是因为，消费领域存在一般侵害消费者个人利益的行为，也存在侵害消费者利益的同时又侵害社会公共利益的行为，以及严重侵害消费者权益和社会利益而构成犯罪的行为，因此，消费者权益保护需要根据不同情形，采用民事的、行政的和刑事的多种手段进行保护。其中最常用的手段就是民法保护机制。[2]

二、消费者的地位

消费需求是拉动经济发展至关重要的力量。在一定意义上可以说，没有消费就没有经济发展。[3] 一旦消费者出于各种原因不进行消费，就会导致生产者、销售者、服务提供业者等市场交易的另一方主体无法收回成本或获取再生产的资本而使一国的经济停滞不前甚至倒退。可见，消费者在整个国民经济中占有非常重要的地位。然而，消费者合同中的消费者与经营者的关系并非实质意义上的平等关系，而是弱者对强者的关系。[4] 现代经济体制下的交易关系是以大量生产和大量销售[5]体制为前提的、作为巨大组织的企业与作为一个买主的消费者之间的交易。因此，无法形成

---

1 在我国，很久以来《消费者权益保护法》并未被认定为是民法的特别法，关于其性质一直存在争议。《民法典》第 128 条的规定把《消费者权益保护法》纳入《民法典》体系，更明确了该法的基本属性是民法而不是经济法，是私法而不是公法。这一举动实际上表明《消费者权益保护法》已被纳入民法范围。详见杨立新. [个论]杨立新专栏：消费者概念列入民法总则(草案)的重要价值[N]. 南方都市报，2016-8-3.

2 朴成姬. 消费者权利性质与保护路径研究——从民法典与单行法的关系切入[J]. 苏州大学学报（哲学社会科学版），2020（1）：89.

3 李义平.消费需求为什么是重要的[N].人民日报，2009-4-15.

4 森泉章，池田真朗. 消費者保護の法律問題[M]. 東京：勁草書房，1994：12-15，20.

5 我国虽然在 20 世纪 90 年代已经进入大量生产的时代，但还不能说已进入大量消费时代。韩国是到了 1970 年大量生产和大量消费才开始普遍化。

网络交易中的消费者隐私权保护研究

在力量对比关系或所拥有的信息量上对等的交易。[1] 尤其是在网络交易不断发展的今天，消费者的地位可以说是呈逐渐下滑趋势。其原因在于，网络交易虽然给消费者带来了一些便利，但比起传统交易，消费者的安全权、知情权、隐私权及个人信息权等都更容易遭受侵害。

消费者法律关系虽然属于一种民事法律关系，但与一般的民事法律不同，它是一种不完全平等主体之间的民事关系，通常，我们称它为一种从属关系，在这种从属关系下最直接的结果是消费者的选择自由权会受到限制甚至会被剥夺。[2] 解决消费领域中的各种消费者问题，首先应当对消费者的弱者地位进行详细研究。[3] 能否准确界定消费者弱者地位的内涵与外延，不仅关系到立法目的及社会公平的实现，还关系到能否切实保护弱者利益的问题。[4]

消费者弱者地位主要表现在经济上的弱者地位、信息方面的弱者地位及作为一个活人而具有的弱者地位三个方面。

（1）经济上的弱者地位。作为合同当事人的消费者与经营者在主体问题上是相互平等的关系，但这种平等只不过是一种抽象的平等，无法掩盖二者间存在的实质性不平等。[5] 其原因在于，经营者往往在合同自由的市民法原理的背景下，将自己经济方面的优势地位带入缔结合同的场合，导致消费者与经营者之间存在很大的经济上的不均衡。[6]

大企业为了谋求经济的稳定增长，回避价格竞争，运用技术革新的产品差异化竞争手段来实现扩大销售。通过市场机制决定价格的关系演变为在大企业的主导下

---

[1] 高橋明子. 企業の消費者対策の再検討[J]. ジュリスト増刊総合特集 13 消費者問題，1979：86-87.

[2] 宮沢健一. 経済構造における消費者の地位[J]. ジュリスト増刊総合特集 13 消費者問題，1979：34.

[3] 李海霞，罗玓，诸雪晴. 论消费者的弱势地位[J]. 消费导刊，2010（6）：249.

[4] 马家昱. 论消费者的弱势地位及其法律矫正[J]. 西部法学评论，2008（5）：84.

[5] 李海霞，张熙，杨少英. 论消费者弱势地位的法律平衡[J]. 法制与社会，2011（20）：179.

[6] 森泉章，池田真朗. 消費者保護の法律問題[M]. 東京：勁草書房，1994：4.

第二章　网络交易中的消费者隐私权

被决定的关系，即消费者的价格决定权被排除。另外，企业可将消费者问题的预防成本或受害时的损害赔偿成本等转嫁到价格上面来分散风险，而消费者却无法转嫁风险。[1] 经营者新产品的基于广告宣传的发售，往往与消费者的喜好无关，而更多的是伴随着旧产品的停售，把重点放在产品变化或服务内容的变更上面[2]，这种广告费最终会被计入产品生产成本中，表现为产品价格的一部分，最终由消费者来承担。

（2）信息方面的弱者地位。一般来讲，信息的功能可以概括为以下几点：①信息作为与物质、能量相并列的第三范畴，具有传播二者形态的作用，并为此提供标示和含义；②通过为物质或能量提供标示和含义，信息可减少事物所具有的歧义乃至随机性；③使"知识"这个库存能够流通，在起到传播作用的同时，还作为知识存货的追加活动而运作。[3]

交易信息不均衡的基本特点是，交易相关信息在交易当事人之间分布不对称，一方为信息强者，另一方为信息弱者。[4] 消费者与经营者相比，在商品、服务及交易结构相关信息的收集、处分能力，以及以这些为前提的选择能力、判断能力、交易的交涉能力等方面均处于弱势地位[5]。这种信息方面的差距实际上很难得到改善，甚至随着经济的迅速发展，这种差距会变得越来越大。例如，作为一个企业，随着其规模不断扩大，有必要对包括格式条款、商品价格及营销策略在内的信息进行集合处理，或者为了大量生产、大量销售的目的采取促销手段，这些经营者出于自身利益考虑而单方面做出的交易规则的改变，消费者总是晚于经营者知晓。

---

1 高橋明子. 企業の消費者対策の再検討[J]. ジュリスト増刊総合特集 13 消費者問題，1979：87.

2 北川善太郎，及川昭伍. 消費者保護法の基礎（基礎法律学大系—実用編（34））[M]. 東京：青林書院新社，1977：298.

3 北川善太郎，及川昭伍. 消費者保護法の基礎（基礎法律学大系—実用編（34））[M]. 東京：青林書院新社，1977：296.

4 王俊豪. 政府管制经济学导论——基本理论及其在政府管制实践中的应用[M]. 北京：商务印书馆，2001：350.

5 若原紀代子. 民法と消費者法の交錯[M]. 東京：成文堂，1999：27.

网络交易中的消费者隐私权保护研究

在交易信息的获取上，消费者通常只能通过个人的社会关系和大众传媒等获取有限的信息，虽然消费者也可以通过咨询等商业渠道获得正确的信息，但消费者要为此支付"成本"。而且，由于信息是公共产品，具有非排他性、非独占性等特点，这使得消费者可能会陷入因支付过多成本却不能独享信息的困境。相比而言，稍有规模的企业一般都有较完善的市场信息收集和处理系统及相应的专业人员，就其取得产品的平均信息成本而言，要比消费者低得多。[1] 随着技术的发展，由于消费者缺乏关于商品的复杂构造的知识，正确选择商品变得极为困难，商品的选择不得不依赖企业的宣传广告及标示[2]，这种情况的持续只会对消费者越来越不利。

在交易信息不对称的情况下，消费者在交易过程中的缔约自由会受到限制。不仅如此，信息不对称还会使消费者知情权的实现受到阻碍，而消费者知情权是消费者选择权的基础。在这种情形下，消费者与经营者之间的合同所强调的平等主体地位流于形式，交易过程中的形式平等无法掩盖交易结果的实质不平等。[3] 保障消费者能够掌握正确选择自己需要的商品或服务所必要的相关信息，是经营者抢占市场地位和确保消费者利益所不可或缺的前提。

如何解决信息方面的不对称所造成的一系列问题，是需要不断深入研究的课题。尤其是在当前大数据信息时代，经营者与消费者之间信息方面的差距越来越大，这会导致消费者逐渐失去对交易的信心，从而不利于商品交易市场的可持续发展。应当尽可能缩短这种差距，使消费者能够在足够的产品或服务相关信息的基础之上做出正确的选择。不仅要保障消费者对经营者及其商品或服务信息的掌握，还应当保障消费者对其个人信息的收集和处理相关信息的掌握，同时要确保消费者对其个人信息的支配权。

---

1 陈东健，周芳. 消费者主权的实现与消费者权益的保护[J]. 铁道师院学报，1997（5）：61.
2 金子晃. 独占禁止法と消費者保護[J]. ジュリスト増刊総合特集 13 消費者問題，1979：189.
3 李海霞. 论消费者的弱势地位[J]. 中国商贸，2012（12）：250.

（3）作为一个活人而具有的弱者地位。在与企业之间的关系中，消费者若不购买商品，其生活会变得不便；如果只是作为一个"个人"，其提出的意见往往不会被听取[1]。这是因为消费者是经营生活的一个"活人"，这在交易的任何阶段都不会改变，尤其是在经营者与消费者之间的交易中，这个作为活人的消费者特征，经常会全面地表现出来。[2] 消费者在整个交易过程中处于有可能遭受有形或无形的各种侵害的危险。并且，这种侵害一旦显在化，会继续产生下一个问题。总体而言，消费者是"易受伤的"存在。作为一个"活人"，首先存在人身损害的问题；其次，不仅纠纷的解决会很困难，向其他地方转嫁负担在原则上也是不可能的。[3]

综上，与经营者相比，消费者是处于弱势地位的、需要特别予以保护的主体。这一点从各国的消费者保护立法中也可以看出。我国以《消费者权益保护法》为主的消费者法律法规均是在特别保护处于弱者地位的消费者权益的需求下被制定的。《消费者权益保护法》第55条和《中华人民共和国食品安全法》第148条第2款[4]中

---

[1] 北川善太郎，及川昭伍. 消費者保護法の基礎（基礎法律学大系—実用編（34））[M]. 東京：青林書院新社，1977：37.

[2] 正田彬. 消費者の権利（新版）[M]. 東京：岩波書店，2010：17.

[3] 大村敦志. 消費者法[M]. 4版. 東京：有斐閣，2011：15-16.

[4] 《消费者权益保护法》第55条规定："经营者提供商品或者服务有欺诈行为的，应当按照消费者的要求增加赔偿其受到的损失，增加赔偿的金额为消费者购买商品的价款或者接受服务的费用的三倍；增加赔偿的金额不足五百元的，为五百元。法律另有规定的，依照其规定。经营者明知商品或者服务存在缺陷，仍然向消费者提供，造成消费者或者其他受害人死亡或者健康严重损害的，受害人有权要求经营者依照本法第四十九条、第五十一条等法律规定赔偿损失，并有权要求所受损失二倍以下的惩罚性赔偿。"《中华人民共和国食品安全法》第148条第2款规定："生产不符合食品安全标准的食品或者经营明知是不符合食品安全标准的食品，消费者除要求赔偿损失外，还可以向生产者或者经营者要求支付价款十倍或者损失三倍的赔偿金；增加赔偿的金额不足一千元的，为一千元。但是，食品的标签、说明书存在不影响食品安全且不会对消费者造成误导的瑕疵的除外。"虽然《消费者权益保护法》和《中华人民共和国食品安全法》对惩罚性做出了规定，但惩罚性损害赔偿是通过2009年《侵权责任法》的制定被普遍认可的。《侵权责任法》第47条规定："明知产品存在缺陷仍然生产、销售，造成他人死亡或者健康严重损害的，被侵权人有权请求相应的惩罚性赔偿。"

所规定的惩罚性赔偿制度，《消费者权益保护法》第23条[1]规定中的举证责任特殊分配制度及归责原则方面采用的无过失责任主义，这些都带有明显的消费者保护倾向，之所以采用这些制度，其原因仍在于消费者的弱者地位是客观存在的，只有通过各种方式弥补消费者的弱者地位，才能营造和谐稳定的消费法律关系。

除了立法中考虑消费者的弱者地位，司法审判实践中法官在审理消费纠纷时，也会在充分考虑消费者弱者地位的基础上做出相关判决。例如，在"某汽车商贸有限公司等与戴某买卖合同纠纷上诉案"中，二审法院认为：在消费者起诉销售欺诈的纠纷中，认定欺诈也应以该司法解释包含的四项条件为根据，即经营者实施了欺诈行为，经营者有欺诈的故意，消费者因欺诈陷入错误判断，消费者基于错误判断而为意思表示。由于欺诈行为本质上是对意思自由的妨害，意思表示的形成与获取信息的充分度、真实性紧密相关，因此，欺诈行为与法定告知义务由此产生法律上的关联，违反法定告知义务可能构成欺诈行为，在判断顺序上，应先判断经营者有无违反告知义务，再判断违反告知义务是否构成欺诈。同时，在证明责任分配上，应由消费者提供初步证据证明经营者存在欺诈行为和故意，而由经营者举证证明自己不存在欺诈行为或故意，即采用"主张—对抗—再对抗"的证明责任方式以平衡经营者与消费者之间的利益。在"邵某等与某汽车销售服务有限公司合同纠纷"二审民事判决书中写道，某汽车销售服务有限公司的行为构成民法中的欺诈。《消费者权益保护法》第55条规定的欺诈在构成要件上是否与民法中相同一直是法学理论上的争议问题，但基于对消费者利益的特别保护及考虑消费领域中消费者与经营者举证能力的不平衡，本院认为，《消费者权益保护法》中认定经营者欺诈的标准不应高于民法中欺诈认定的标准，在按照民法的标准认定某汽车销售服务有限公司构成欺诈的前提下，也应当认定某汽车销售服务有限公司构成《消费者权益保护法》

---

1 《消费者权益保护法》第23条："经营者应当保证在正常使用商品或者接受服务的情况下其提供的商品或者服务应当具有的质量、性能、用途和有效期限……经营者提供的机动车、计算机、电视机、电冰箱、空调器、洗衣机等耐用商品或者装饰装修等服务，消费者自接受商品或者服务之日起六个月内发现瑕疵，发生争议的，由经营者承担有关瑕疵的举证责任。"

第二章 网络交易中的消费者隐私权

第 55 条规定的欺诈。在以上案例中,法院是在即使《消费者权益保护法》没有明确规定由经营者负举证责任的情形下,考虑到消费者与经营者之间地位的差异后,将原本由消费者承担的举证责任转由经营者来承担,以此谋求了实质正义。

需要注意的是,从各国近年来的消费者政策来看,有淡化以往的消费者弱者形象而更加突出消费者"独立主体"地位的趋势。例如,根据 2002 年 12 月日本国民生活审议会的中间报告《21 世纪型消费者政策应有状态》,随着经济体制的变化,消费者政策也急需得到转变。[1] 之前的消费者形象是作为弱者的消费者、需要保护的对象,但今后要求消费者作为市场中的"独立主体",积极为确保自身利益而行动。为应对这种消费者形象的转化,作为规定经营者与消费者之间的私人规则而被制定的就是《消费者合同法》。[2] 在这里需要确认的是,2004 年,日本《消费者保护基本法》(1968 年制定)更名为《消费者基本法》[3],这与随着消费者政策的转变即经济社会体制的变化,消费者形象从"弱者"转化为"独立主体"是有密切联系的。韩国在同日本一样的宗旨之下,2006 年把原来的《消费者保护法》(1980 年制定)变更为《消费者基本法》。[4]

三、消费者的权利

消费者权利首次在社会上被明确是在 1962 年美国肯尼迪总统发表的《关于保护

---

[1] 落合誠一,及川昭伍,国民生活センター. 新しい時代の消費者法[M]. 東京:中央法規出版,2001:87.

[2] 中村年春,永田均. 企業行動と現代消費者法のシステム[M]. 東京:中央法規出版株式会社,2003:7.

[3] 周勇兵. 消費者私法の比較法的研究—日中の比較を通じて—[M]. 岡山:大学教育出版,2011:2-3.

[4] 朴成姬. 消费者问题中的当事人构造的再研讨:以中日韩三国消费者保护相关法制的比较为中心[M]. 北京:中国检察出版社,2016:31.

网络交易中的消费者隐私权保护研究

消费者利益的国情咨文》中。[1] 肯尼迪总统所主张的消费者权利包括获得安全保障的权利（the right to be safety）、自由选择的权利（the right to choose）、知情权（the right to be informed）、意见被尊重的权利（the right to heard）四项权利。肯尼迪总统对消费者利益与国家利益一视同仁。1975年，他又追加了第五项消费者权利，即受教育的权利（the right to consumer education）。国际消费者联盟组织（International Organization of Consumers Unions，IOCU，简称 Consumers International，CI）在肯尼迪总统所主张的五项消费者权利的基础之上，又追加了对产品或服务不满时获得公正的赔偿的权利（the right to redress）、享有可持续发展及健康的环境的权利（the right to healthy environment）、产品及服务能满足消费的基本需求的权利（the right to satisfaction of basic needs）。国际消费者协会所维护的消费者权益包括以上八项。[2] 欧盟、联合国等国际组织也相继发表了消费者保护相关法律文件，甚至有些国家还在宪法中对消费者权利做出正面确认。消费者所拥有的基本权利被命名为"消费者主权"，这种"消费者主权"理念遍布全世界。1968年5月30日，日本也制定了以"消费者的四项权利"为支柱的《消费者保护基本法》（后更名为《消费者基本法》），并以该日为每年的"消费者日"。[3] 虽然日本《消费者基本法》中并没有对消费者拥有的具体权利做出规定，但出现了"消费者权利"这一概念，而我国《消费者权益保护法》不仅出现了"消费者权利"这一概念，还对消费者所享有的具体的权利做出了明确的规定。我国消费者权利的相关规定主要分布在《消费者权益保护法》第二章（第7条～第15条）中，具体包括安全保障权（第7条）、知情权（第8条）、自主选择权（第9条）、公平交易权（第10条）、获得赔偿的权利（第11条）、

---

[1] 在这里需要注意的是，认为消费者权利起源于肯尼迪总统对消费者权利的提倡的观点是不正确的。消费者权利来自人类社会的根本规则。人类在形成社会时，就已经形成了不能剥夺他人的生命或幸福的根本规则。（下垣内博. 消費者運動—その軌跡と未来[M]. 東京：大月書店，1994：51.）

[2] 細川幸一. 消費者基本法における『消費者の権利』の権利性について[J]. 日本女子大学紀要 家政学部，2006，53：141-142.

[3] 多田吉三，大久保克子，片山美智恵，等. 消費者問題[M]. 東京：晃陽書房，1995：8.

结社权（第12条）、获得相关知识的权利（第13条）、被尊重的权利（第14条）、监督批评权（第15条）9项权利。其中第14条"被尊重的权利"包含了"个人信息依法得到保护的权利"。虽然该法中没有明确指出消费者享有隐私权，但作为一种民事主体类型的消费者，除了享有作为民法特别法的《消费者权益保护法》所赋予的权利，还享有一般民事主体——自然人[1]享有的所有权利。依据我国2020年颁布的《民法典》总则编第五章的规定，自然人享有生命权、身体权、健康权、姓名权、肖像权、名誉权、荣誉权、隐私权、婚姻自主权、个人信息权[2]、物权、债权、继承权、知识产权等权利。可见，消费者依法享有隐私权，当该权利受到侵害时，消费者有权获得相关法律救济。

消费者权利是消费者保护法的核心制度之一，但与消费者权利有关的诸多问题中，消费者权利的性质问题又是最为基础的课题。对于消费者权利性质的理解，决定着一国的整个消费者保护法律制度的构成和系统的结构。从国内外的研究成果来看，关于消费者权利的性质，主要有两种主张，一种是"特别民事权利论"，另一种是"人权论"。[3] 无论是从消费者权利的历史来看，还是从消费者权利当前的性质及特征来看，私权性作为消费者权利的性质之一的事实是无法否定的。消费者权利准确地讲是属于私权中的债权，例如，要求经营者提供的商品或服务具备相应的安全性的权利、要求经营者提供商品或服务时提供必要信息的权利、自主选择经

---

1 《消费者权益保护法》中并未明确规定消费者仅限于自然人。立法机关认为消费者原则上应当是自然人，而不包括法人，但鉴于理论界、实务界对此问题尚未达成一致，故在2013年《消费者权益保护法》修改中选择回避的态度，对此问题仍旧未做出明确的规定。作者认为，消费者范围仅限于自然人，本书是在这一前提下进行论述的。

2 王利明教授主张在"个人信息"后面应当加上"权"字，明确规定个人信息权。参见王利明.民法典人格权编草案应明确规定个人信息权[N]. 光明日报，2019-12-20.

3 "特别民事权利论"是我国目前民法学者们的主流观点。列举持这种观点的主要代表及其著作有：李昌麒、许明月的《消费者保护法》（法律出版社1997年版）；张严方的《消费者保护法研究》（法律出版社2003年版）等。还有部分经济学学者们主张"人权论"。也有一些国家和地区的一些学者主张消费者权利为人权，认为应认可消费者权利的人权身份。

营者提供的商品或服务的权利，以及对于因经营者提供的商品或服务而遭受的人身或财产损失请求赔偿的权利等，这些权利均属于私权中的请求权。[1] 消费者权利为民事权利即私权的一种：消费者权利的主体是消费者，其义务主体是经营者，两者皆为私法（民法）上的主体，即此种权利是发生在私法上主体间的权利，故其当然具有私法性质。[2] 人权论主要从以下两方面理解消费者权利的性质。[3] 第一，消费者权利的根据为"经济的公平与正义"；第二，消费者的各项权利均以"生存权这个基本人权"作为其起点和目的。从整体来看，我国经济法学界关于消费者权利的性质采取的是人权论的观点。[4-7]

虽然消费者权利的历史并不是很长，但是给世界各国及国际经济、政治和法律秩序带来了很大的冲击，甚至出现了将消费者利益和国家利益放在同一次元来对待的国家，消费者权利保护问题已成为各国及国际组织共同关注的全球性问题。近年来，我国也开始重视消费者权益保护问题，随着网络交易的盛行，有关网络交易中的消费者权益保护研究不断涌现。其中，如何维护网络交易中的消费者隐私权或个人信息权成为最为热门的研究课题之一。需要注意的是，实体法上的消费者权利能否在程序法上得到实现，也是需要研究的问题。在研究消费者实体法上的权利的同时，还应当配套研究包括消费者公益诉讼在内的程序法上的消费者权利实现问题。

---

1 方流芳. 法大评论. 第 4 卷[M]. 北京：中国政法大学出版社，2005. 82.

2 张严方. 消费者保护法研究[M]. 北京：法律出版社，2003：564.

3 史际春. 经济学教学参考书[M]. 北京：法律出版社，2000：204-205.

4 潘静成，刘文华. 中国经济法教程[M]. 3 版. 北京：中国人民大学出版社，1999：646.

5 杨紫烜. 经济法[M]. 北京：高等教育出版社，北京大学出版社，1999：195.

6 杨紫烜，徐杰. 经济法学[M]. 3 版. 北京：北京大学出版社，2001：176.

7 吴宏伟. 经济法[M]. 北京：中国人民大学出版社，2003：209.

第二章 网络交易中的消费者隐私权

第二节 消费者的网络隐私权

一、消费者的网络隐私权内涵

《消费者权益保护法》第 7 条规定，"消费者有权要求经营者提供的商品和服务，符合保障人身、财产安全的要求。"在网络交易中，消费者最关心的问题之一就是交易的安全可靠性。消费者隐私权的保障是交易安全性保障问题的一项重要内容。根据《民法典》第 128 条可以确定以下几点：第一，我国法律将"消费者"列为民事主体的范畴[1]；第二，"消费者权利"性质为民事权利，并受到民事法律（民事一般法和与消费者权益保护有关的民事特别法）的保护；第三，关于消费者权益保护，适用"特别法优于一般法"的原则，当《消费者权益保护法》《中华人民共和国食品安全法》《中华人民共和国药品管理法》《中华人民共和国产品质量法》《中华人民共和国广告法》《中华人民共和国旅游法》《中华人民共和国反不正当竞争法》等与消费者权益保护有关的民事特别法的规定与民事一般法（即《民法典》）相关规定不一致时，优先适用前者的规定。[2] 既然消费者属于民事主体的一种，《民法典》等民事法律法规中有关隐私权及个人信息保护的规定便适用于消费者。此外，《消费者权益保护法》第 14 条还确认了消费者的个人信息权。

消费者的网络隐私权的概念是一个学理概念，虽然我国法律并没有对其做出明文规定，但学界很多学者对其给出了定义。齐恩平认为，网络交易环境下的消费者隐私权应当命名为消费者个人信息隐私权，是指网上交易合同中消费者个人对以数据形式收集和存储于网络中的有关自己的资料信息的了解、拥有、控制及不受他人

---

1 《民法典》第 128 条的规定把《消费者权益保护法》纳入民法典体系，实际上是明确了《消费者权益保护法》的民法属性，消费者则属于民事主体的一种类型。

2 朴成姬. 消费者权利性质与保护路径研究——从民法典与单行法的关系切入[J]. 苏州大学学报（哲学社会科学版），2020（1）：88.

侵犯的权利。[1] 张璐认为，网络交易中消费者隐私权概念可以拓展为，消费者在网络交易环境下拥有的提供个人信息且个人信息受到法律保护的权利，是防止消费者在网络交易中受到非法利用时重要的维权工具。[2] 周晓金认为，消费者网络隐私权是指公民在电子商务中享有的人格权和私人信息受法律保护，不受他人的非法侵害、知悉、收集、复制、宣传和利用的权利；同时，也指任何人都不得利用电子商务中产生的与个人有关的敏感信息，包括图像、影音、文字及各种浏览记录等。[3] 作者认为，消费者隐私权是指消费者在网络交易环境下购买、使用商品或接受服务时，其个人信息不被侵犯，不涉及公共利益的个人活动、空间及通信秘密等不被他人骚扰，并依法得到保护的权利。

传统消费活动中较少涉及消费者的隐私权问题，但是随着社会的进步，在电子商务环境中，侵犯消费者隐私权的现象屡屡发生。电子商务的有效运转，全靠个人数据[4]的可识别性对网上人群加以区别，并将每一个主体特定化。[5] 在网络交易中，消费者出于交易的需要必须向各类经营者提供包括自己个人资料在内的隐私，消费者在网络上的各种"行踪"也常常在不知情的情况下被记录下来，这些个人资料又可能被经营者非法利用而最终侵犯到消费者的网络隐私权。与传统民法意义上的隐私权不同，电子商务中的隐私权呈现出新的特点。首先，电子商务中的隐私权范围呈现出扩大化的趋势。传统意义上的个人隐私表现为不愿为他人知悉和干涉的私事。

---

1 齐恩平. 论网上交易合同中对消费者个人信息隐私权的侵害及保护[J]. 当代法学，2002（10）：137.

2 张璐. 论网络交易中消费者隐私权及法律保护[J]. 法制与经济，2019（1）：87.

3 周晓金，张科. 消费者网络隐私权浅议[J]. 合作经济与科技，2020（3）：186.

4 个人数据是个人信息的表现形式，它的内容包括全部个人信息。一切与个人有关的信息，只要其能够构成对个人识别的信息都是个人数据。参见汤啸天. 网络空间的个人数据与隐私权保护[J]. 政法论坛，2000（1）：12。

5 齐恩平. 论网上交易合同中对消费者个人信息隐私权的侵害及保护[J]. 当代法学，2002（10）：137.

网络购物环境下的隐私则更多地表现为一些个人的数据和信息[1]，如个人的姓名、性别、民族、身高、出生日期、学历、血型、家庭住址、职业、宗教信仰、病历、收入、履历、财产、健康状况、婚姻状况、身份证号码、E-mail 地址、IP 地址、用户名与密码等，这些并不全是传统隐私权所保护的对象，但是网络的自由性和随意性会加大消费者的风险，只有加大保护的范围和力度，才能保障消费者在网络交易中的合法权益。[2] 因此，在网络交易中，这些信息都被纳入电子商务环境中消费者的隐私范畴中予以保护。其次，电子商务中隐私权的性质具有双重性。传统民法理论一般认为隐私权是一种独立的人格权，不具有财产价值。但是，在网络交易的背景下，消费者不得不将部分个人信息透露给商家。在利益的驱使下，商家可能会非法收集、使用甚至买卖个人隐私。所以说，个人信息不仅体现了人格特征，更具有了经济价值，成为一种无形财产。因此，不同于一般隐私权，网络交易环境下的隐私权兼具人格权和财产权的双重属性。[3] 而正是因为电子商务中的隐私权具有了财产属性，加之因特网具有惊人的整理信息并进行分类的能力，导致在线消费者的信息很容易被网络经营者暗中窃取、收集和利用。网络交易中消费者隐私权的客体是消费者的网络隐私，具体包括三个方面：第一，消费者的个人信息。如前所述，消费者个人信息包括个人的姓名、性别、民族、身高、出生日期、学历、血型、家庭住址、职业、宗教信仰、病历、收入、履历、财产、健康状况、婚姻状况、身份证号码、E-mail 地址、IP 地址、用户名与密码等。第二，通信秘密与通信自由。依据《宪法》第 40 条，公民享有通信自由和通信秘密受保护的权利。侵犯通信自由和通信秘密就是侵犯他人隐私。第三，消费者的个人网络领域。电子邮箱是消费者接收信息、储存信息、发送信息的个人领域，而很多网络服务提供者和平台经营者出于营销目的，把大量的商业广告发送到消费者个人的电子邮箱中，极大地影响了消费者个人生活

---

1 庞敏英. 电子商务中的消费者权益保护问题研究[J]. 河北法学，2005（7）：149.
2 李和林. 网络交易中消费者隐私权保护研究[J]. 兰州教育学院学报，2016（1）：157.
3 庞敏英. 电子商务中的消费者权益保护问题研究[J]. 河北法学，2005（7）：149.

安宁。[1] 网络经营者向消费者手机发送短信或拨打广告电话实际上也属于侵犯了消费者的个人网络领域，大量的骚扰电话和短信严重侵害到消费者的私生活安宁。

与消费者网络隐私权的客体相对应，消费者网络隐私权保护主要集中在以下三个方面：①个人信息的保护。经营者收集消费者个人信息必须告知并取得消费者的同意，使用合法的手段收集。未经同意，不得将个人信息用作收集目的说明以外的用途。对个人信息的披露和公开也必须经过消费者的同意。消费者在网络交易范围内享有的个人信息权是消费者网络隐私权最核心的内容。[2] 在网络交易过程中，当消费者的个人信息权受到经营者或第三人侵犯时，也就意味着消费者的网络隐私权受到了侵犯。任何非法利用计算机网络技术收集、存储、控制、传播、使用消费者个人数据的行为，都会构成对消费者隐私权的侵害，均应当承担法律后果。②通信秘密与通信自由的保护。在网络交易环境下，消费者的通信秘密与通信自由依法受到保护。E-mail 是网络世界最常见的通信手段[3-4]，邮件接收系统、邮件传输网络和邮件服务器的安全性决定了电子邮件内容的安全性。现阶段需要在短时间内建立起有效保护电子邮件的系统，除了可以利用相关的技术手段，如对电子邮件进行加密等，通过其他法律手段来规范经营者的行为、制约黑客的行为也十分重要。[5] ③个人生活安宁的保护。随着网络交易的迅猛发展，单方面发送过来的以广告为内容的垃圾邮件的数量逐渐增加，在全世界交换的电子邮件中，有 70%～80% 是垃圾邮件。这是由电子邮件具有发送成本低、发送作业的自动化及大量发送的可能性、可自行设置发送设备进行发送等特征导致的。垃圾邮件的横行，会给接收者带来个人信息是否被盗取的不安、确认并删除的麻烦、错删重要邮件的风险、被迫读取使人不快

---

1 李学稳，陈燕玲. 试论网络环境中消费者隐私权的法律保护[J]. 天津市财贸管理干部学院学报，2003（2）：36.

2 王利明，杨立新. 人格权与新闻侵权[M]. 北京：中国方正出版社，1995：401-406.

3 阮新新. 论网络时代消费者隐私权的保护[J]. 经济问题探索，2005（6）：107.

4 田文英，宋亚明，王晓燕. 电子商务法律概论[M]. 西安：西安交通大学出版社，2000：250-251.

5 杨卫华. 论网络消费者隐私权的保护[J]. 职业，2014（11）：158.

第二章　网络交易中的消费者隐私权

的内容的精神上的痛苦、被引诱进入恶性网站、被僵尸网络诱导的危险性、正常邮件迟延到达等风险。此外，垃圾邮件会增加为终端用户提供邮件发送、接收服务的网络服务提供商增强设备而产生的负担，垃圾邮件还经常通过附带病毒程序，使网络用户的网银账户信息被盗，存款被非法提取。可以说，垃圾邮件所带来的经济和精神损失涉及面很广，严重危害了消费者的个人安宁。每个人都有可能成为消费者，消费者的个人生活安宁无法得到保障，会直接导致整个社会的不安宁。

二、消费者的网络隐私权的保护困境

信息经济给我们的生活带来巨大便利，同时，由于信息经济的虚拟性、覆盖范围大、传播速度快、侵权手段的隐蔽性等特点，使对隐私权保护的难度加大。[1] 与传统隐私权保护相比，消费者网络隐私权保护面临着如下困境。

首先，侵权后果涉及范围广。因网络传播具有全球性、交互性等特点，导致消费者隐私权一旦被侵害，其传播速度快，影响范围广，消费者想要控制这些信息根本不可能。例如，某一位明星在网络交易中其隐私被经营者泄露的后果是，不仅会使本国的公民都知道，其他国家的公民也可以通过网络在很短的时间内知道这位明星的相关隐私。

其次，网络隐私权侵权取证难。网络环境是一个虚拟的环境，在这种环境下取证、侦察、诉讼比较困难。[2] 网络交易涉及的主体很多，故发生网络隐私权侵权纠纷后很难迅速确定侵权人。在诸多潜在的侵权人中，经营者相对而言是比较稳定的存在，具有追究其侵权责任有迹可循且一旦锁定就很难逃掉的特点。但经营者也有一定的流动性或存在被冒名的可能。例如，当侵害某一消费者网络隐私权的经营者A变更企业名称为B或发生合并、分立或者由于各种主客观原因退出某网络平台等情形下，被侵权的消费者很有可能面临无法找到侵权人的情况。又如，就像现实生

---

1 张笑星. 浅析网络消费中消费者隐私权的保护[J]. 河北农机, 2019（7）: 73.
2 李学稳, 陈燕玲. 试论网络环境中消费者隐私权的法律保护[J]. 天津市财贸管理干部学院学报, 2003（2）: 36.

活中存在空壳公司、虚假公司一样，虚拟的网络世界也同样会有这样的公司，在有人利用这些公司的名义侵害了消费者的网络隐私权时，基本上无法追究侵权人的侵权责任。网络经营者尚且如此，那么，其他潜在的侵权人的确定和追责，在虚拟的网络世界中就更加艰难了。可见，网络隐私权侵权取证问题是解决网络隐私权侵权纠纷所面临的一大难题。

最后，管辖确定存在困难。网络交易不同于面对面的交易，其范围可能涉及不同地区甚至不同国家，在进行跨区域或者跨国交易时就可能产生一系列的法律冲突或者管辖权冲突的问题。同样一起案件，在涉及不同国家或者地区时，会发生依据一个国家或地区的法律构成侵犯隐私权的行为，在另一个国家或地区可能就不构成侵犯隐私权的行为，也有可能在两个以上国家或地区之间产生管辖权的争议和冲突的情况。在这些情况下，消费者网络隐私权的保护比起面对面交易中的隐私权保护要艰难得多。

目前，我国很多个人信息保护法律法规中都对个人信息的保护原则做出了规定，基于个人信息权与网络隐私权的关系，这些原则也同样适用于消费者网络隐私权的保护。

三、保护消费者网络隐私权的意义

作者认为，保护消费者网络隐私权的意义可以总结为以下几点。

（1）对消费者隐私权的保护体现了网络法的人文价值。个人信息保护的重要性和必要性已经在世界范围内得到了普遍认同。究其实，信息时代个人信息与自然人的存在是紧密不可分离的，甚至在网络空间中，信息即是自然人的存在形式。自然人在网络中的表现形式就是姓名、性别、出生年月、履历等信息，自然人即是信息，相关的信息即可表征该自然人。[1] 赋予自然人对其信息的绝对权利，保护自然人的

---

1 谭建初，李政辉. 论互联网中的隐私权——由一则案例谈起[J]. 河北法学，2001（2）：107.

第二章 网络交易中的消费者隐私权

信息,是对权利人的尊严、人格的尊重,有利于调动权利人的主观创造性。[1] 只有以隐私权为基石构筑整个体系,网络法才具有人性基础,从而获得向前发展的不竭动力。从历史角度来看,消费者在国民经济中是最大的集团[2],每个人都有可能成为消费者,因此,保护好消费者的隐私信息就等于尊重了每个自然人。网络领域可以说是泄露消费者隐私信息的重灾区,解决好网络领域中的消费者隐私信息的保护问题,是实现对人的尊重和网络法的人文价值的最关键的一步。

(2)有利于网络交易的可持续发展。截至2020年3月,我国网民规模达9.04亿,网络购物用户7.1亿,网上外卖用户3.98亿,网络视频用户规模8.5亿。2019年,全国网上零售额10.63万亿元,实物网上商品零售额8.52万亿元,同比增长19.5%,占社会消费品零售总额的20.7%,在线餐饮、旅游、文娱、医疗、教育等领域全面增长,在线消费已经成为众多消费者的消费首选,互联网经济也已经成为我国国民经济发展的重要组成部分。网络购物是当前乃至今后的重要消费方式。网络空间开放性、无国界的特点突破了传统商务在时间和空间上的限制,使电子商务获得了空前发展。[3] 网络购物的优势具体体现在以下几点。首先是便利性,网络购物实现了足不出户就可以满足消费需求的消费方式,它节省了逛实体店的时间和体力,能够满足消费者的专项需求[4],即网络购物消除了传统的实体购物方式的空间和时间上的限制。其次是网络购物也能够节省消费者的交易成本,主要体现在两个方面:第一,由于网购平台可以提供同一种产品来自多个供应商的商品信息,方便消费者"货比三家";第二,由于网络购物具有自身独特的系统性,它把生产、销售、供货和运输等环节有机地组合起来,这大大降低了供应商的成本,也变相地拉低了商品的价格。最后是网络购物能将交易过程电子化,它结合了互联网技术,将真实的

---

[1] 齐恩平. 论网上交易合同中对消费者个人信息隐私权的侵害及保护[J]. 当代法学, 2002 (10): 137.

[2] 石田英雄. クレームに学ぶ 食の安全[M]. 九州: 海岛社, 2005: 15.

[3] 庞敏英. 电子商务中的消费者权益保护问题研究[J]. 河北法学, 2005 (7): 148.

[4] 李昀宸. 论网络环境下消费者隐私权的保护[J]. 法制与社会, 2020 (17): 13.

商品以图片、文字或者视频的方式展现给潜在的消费者,以网上聊天软件来取代实体店的商品咨询,在确保消费者获得有关产品的详细信息的前提下,又能够大大降低经营实体店的烦琐过程。[1]

但是,实践中要么是被利益驱使[2],要么是技术上的限制,导致经营者泄露消费者信息的事件逐渐增多,打击了人们使用网络消费的信心,在一定程度上阻碍了电子商务的发展。[3] 信任正是电子商务和创新的原动力,赢得消费者的信任,在宏观层面上关系到整体网络交易及社会经济的发展,在微观层面上还关乎每个企业的生死存亡。技术的不断发展为互联网企业能够获取更多的消费者个人信息提供了可能,同时也增加了经营者侵害消费者合法权益的概率。例如,大数据"杀熟"的价格滥用就体现了个别商家严重侵犯消费行为偏好隐私权的行为[4],而这会使作为弱势群体的消费者逐渐对网络交易失去信心,最终会影响网络交易的可持续发展。因此,我们在继续保证网络技术产生的效益的同时,也必须确保消费者数据隐私政策能够更好地反映公民的隐私价值及促进互联网和其他网络技术领域信任体系建设[5],只有将信息收集利用技术、隐私保护技术与政策并行推进,才能够实现健康的信息产业的发展。

虽然近年来我国不断加大个人信息保护力度,但在实践中,非法收集、使用、买卖及利用个人信息侵扰消费者生活安宁、危害消费者生命健康和财产安全等现象仍未得到全面规制。从较为抽象的层面而言,网络的有效运行有两个条件:①技术条件。包括硬件、软件、联网协议、域名管理等。②参与条件。网络不能只靠一堆

---

[1] 程恺,叶敏. 网络购物消费者维权机制探讨[J]. 中国商论,2017(23):20.

[2] 在网络时代,隐私作为一种私人信息,由于其经济功能已经获得极大的提升,作为以隐私利益为客体的隐私权,已经成为兼有人格权和财产权属性的复合型权利。参见秦祖伟. 论网络时代个人隐私权的保护[J]. 经济与社会发展,2005,3(10):99.

[3] 胥白,朱勇. 论电子商务与消费者隐私权保护[J]. 山东社会科学,2005(10):110.

[4] 王桦宇,李想. 运用法律完善互联网行业监管[J]. 检察风云,2019(14):19.

[5] 周辉,孟兆平,敖重淼,等. 网络环境下消费者数据的隐私保护——在全球数字经济背景下保护隐私和促进创新的政策框架[J]. 网络法律评论,2013,16(1):213.

元器件、技术规则而存在，它需要众多的参与者，否则网络经营者就缺乏实现经济回报的基础，网络也就难以为继。[1] 网络交易不仅要从技术层面不断研究如何继续保持其对网民的魅力，还要兼顾网络交易参与者合法权益的维护。不是追求网络用户的短暂青睐，而是要继续保持网络胜于现实交易的魅力，克服自身的缺陷，让每一个参与者愿意长久追随。唯有如此，才能够构建一个良性循环的网络交易生态环境。优化网络环境，维护好网络交易中的消费者的网络隐私权等各项合法权益，提高消费者对网络的信心，促进我国电子商务经济的健康可持续发展，已成为我国面临的迫切问题。

（3）有利于提高消费者的生活质量。很多消费者之所以选择网上消费，是因为它能够充分发挥消费者随意挑选的权利。但是，在网上消费存在一个不可避免的事情就是进行个人信息的输入。例如，在购买衣物时，消费者需要输入个人身高、体重等信息，有些信息的提供不仅会使自己陷入尴尬的境地，同时也会担心自己透露的隐私会被传播，让更多的人知道自己的缺陷等隐私。一些经营者会利用消费者在网络交易中留下的信息进行"为你推荐""猜你喜欢"式的产品推荐，更有甚者会连续不断地给消费者打电话、发邮件进行产品推销。这种强迫式的推荐通常会给消费者带来很大的困扰，严重影响了消费者生活质量的提升。[2] 当消费者网络隐私权保护相关立法及监管制度相当完备时，就可以消除消费者的上述担忧，也能够避免消费者的生活被无休止地打扰，从而提升消费者的生活质量。

---

[1] 谭建初，李政辉. 论互联网中的隐私权——由一则案例谈起[J]. 河北法学，2001（2）：106.
[2] 李昀宸. 论网络环境下消费者隐私权的保护[J]. 法制与社会，2020（17）：13-14.

第三章

保护网络交易中消费者隐私权的必要性

第一节 网络交易发展的主要影响因素

一、网络及网络交易的含义

（一）网络

业界和学界对"网络"在特定语境下的新定义均未做过严谨的论述。汉语中，"网络"一词最早用于电学，《现代汉语词典》（第7版）将网络定义为："由若干元器件或设备等连接成的网状的系统。"在数学上，网络是一种图，一般认为专指加权图。在物理中，网络是从某种相同类型的实际问题中抽象出来的模型。在计算机领域中，网络是信息传输、接收、共享的虚拟平台，通过它把各个点、面、体的信息联系到一起，从而实现这些资源的共享。网络是人类最重要的发明之一，它促进了科技和人类社会的发展。网络现在一般是指"三网"——电信网络、有线电视网络和计算机网络。网络狭义的含义是指因特网。计算机网络主要分为广域网和局域网两类，前者就是互联网，亦称因特网，后者是内网。计算机网络是用通信线路和通信设备将分布在不同地点的多台自治计算机系统互相连接起来，按照共同的网络协议，共享硬件、软件和数据资源的系统。《最高人民法院、最高人民检察院关于办理利用信息网络实施诽谤等刑事案件适用法律若干问题的解释》第10条规

第三章 保护网络交易中消费者隐私权的必要性

定:"本解释所称信息网络,包括以计算机、电视机、固定电话机、移动电话机等电子设备为终端的计算机互联网、广播电视网、固定通信网、移动通信网等信息网络,以及向公众开放的局域网络。"技术更新一直在推动网络的发展,网络的发展先后经历了前网络时代、网络 1.0 时代、网络 2.0 时代、网络"空间化"时代四个阶段,每一次网络的更迭代换和升级都与当时的技术转型密不可分。[1] 我国的互联网在国家大力倡导和积极推动下,在经济建设和各项事业中得到日益广泛的应用,使人们的生产、工作、学习和生活方式已经开始并将继续发生深刻的变化,对于加快我国国民经济、科学技术的发展和社会服务信息化进程都具有重要作用。同时,如何保障互联网的运行安全和信息安全问题已成为全社会普遍关注的热点问题。

(二)网络交易

随着消费生活信息化的发展,网络交易市场不断扩大。近年来,我国网络零售市场规模呈现稳健增长趋势。据调查,2019 年我国网上零售额 106 324 亿元,比上年增长 16.5%;其中实物商品网上零售额为 85 239 亿元,比上年增长 19.5%,占社会消费品零售总额的比重为 20.7%。随着用户规模的增长,居民收支的持续增加,我国网络零售交易规模将会保持持续增长。按照《电子商务"十三五"发展规划》资料显示,预计 2025 年我国网络零售交易额将达到 19.33 亿元。

网络交易的形成过程如下:先要由经营者在与互联网相连接的服务器上以存储电子数据的形式设立虚拟店铺(亦称网上店铺),再由消费者登录该虚拟店铺,在阅读其所使用的计算机或移动终端等界面上显示的有关商品宣传或广告的基础上选定商品而形成交易。消费者不仅可以通过计算机、智能手机或其他移动终端或者存储着交易所需数据的服务器登录网络店铺,还可以利用交互式网络电视(Internet Protocol Television,IPTV)和移动导航系统(Portable Navigation Device 或者 Personal Navigation Device 等)登录网上店铺。

---

[1] 于志刚,吴尚聪. 我国网络犯罪发展及其立法、司法、理论应对的历史梳理[J]. 政治与法律,2018(1):60.

网络交易是一种利用互联网发送和接收交易所需的意思表示的电子数据的形式进行的交易，是一个新兴领域，在交易形态、结算方式、交易法律关系内容及救济方式等方面均与传统的交易有所不同，因此其发展必然会对建立在传统交易行为基础之上的法律范式带来冲击。网络交易的对象包括商品和服务。网络交易根据交易主体的不同可以分为三种类型：①经营者与消费者之间的交易（B2C）；②消费者与消费者之间的交易（C2C）；③经营者与经营者之间的交易（B2B）。本书主要讨论的是 B2C 模式下的消费者隐私权保护问题。实践中，参与网络交易的经营者通常包括向消费者销售商品或提供服务的平台内经营者、网络交易平台经营者、网络拍卖运营商、信息提供商、联署计划营销经营者、代发货销售商、结算商（包括第三方中介付款服务商、信用卡经营者、信用卡结算代理商、电子货币发行与结算商等），以及电子通信服务提供商（如中国移动、中国联通、中国电信、中国通信服务股份有限公司）等。依据我国《网络交易监督管理办法》第 7 条第 1 款的规定，"网络交易经营者，是指组织、开展网络交易活动的自然人、法人和非法人组织，包括网络交易平台经营者、平台内经营者、自建网站经营者以及通过其他网络服务开展网络交易活动的网络交易经营者。"从该条规定可以看出，我国法律将网络交易经营者大致分为网络交易平台经营者、平台内经营者、自建网站经营者和通过其他网络服务开展网络交易活动的网络交易经营者四种类型，网络交易经营者可以是自然人，也可以是法人或非法人组织。第 7 条第 2 款规定，"网络交易平台经营者，是指在网络交易活动中为交易双方或者多方提供网络经营场所、交易撮合、信息发布等服务，供交易双方或者多方独立开展网络交易活动的法人或者非法人组织。"第 7 条第 4 款规定，"为经营者提供网络经营场所、商品浏览、订单生成、在线支付等网络交易平台服务的，应当依法履行网络交易平台经营者的义务。"此外，依据《最高人民法院 最高人民检察院关于办理非法利用信息网络、帮助信息网络犯罪活动等刑事案件适用法律若干问题的解释》第 1 条的规定，提供下列服务的单位和个人，属于"网络服务提供者"：①网络接入、域名注册解析等信息网络接入、计算、存储、传输服务；②信息发布、搜索引擎、即时通讯、网络支付、网络预约、网络购

第三章 保护网络交易中消费者隐私权的必要性

物、网络游戏、网络直播、网站建设、安全防护、广告推广、应用商店等信息网络应用服务；③利用信息网络提供的电子政务、通信、能源、交通、水利、金融、教育、医疗等公共服务。

（三）网络交易平台提供者

1. 网络交易平台提供者的地位

网络交易平台提供者作为民事主体，具有经营网络交易平台、为网络交易活动服务的民事权利能力、民事行为能力和民事责任能力。作为设立和运营网络交易平台的经营者，它是网络交易平台的所有权人；在与实施网络交易活动的销售者、服务者形成的网络交易平台服务合同中，既是债权人也是债务人；在与第三方机构之间的交易价款托管、信用评价法律关系中，网络交易平台提供者是委托合同的委托人。[1] 网络交易平台提供者能够在经营者与消费者之间起到很好的桥梁作用。实际上，规模较大的网络交易平台提供者一方面为平台内经营者尤其是那些租不起昂贵的实体店面的小商家提供了以低成本销售商品或提供服务的机会；另一方面又给消费者提供了购物和接受服务的便利，甚至在价格方面也比线下优惠，在整个社会发展进程中起到了很大的作用，这一点是值得肯定的。但不可否认的是，网络交易平台提供者同时也是最有可能侵犯网络交易中消费者隐私权的主体，其原因在于，网络交易中消费者的隐私权被侵害的根源基本上都可以追溯到最初消费者基于对网络交易平台提供者的信任或者冒着隐私权被侵犯的风险也要参与网络交易的心理向网络交易平台提供者提交了隐私信息这一点上。网络交易平台提供者基于消费者对自己的信任，能够轻松且以合法的名义收集到众多消费者的隐私信息，网络交易平台提供者也因此成为最有可能侵害消费者隐私权的主体。首先，网络交易平台提供者收集消费者信息本身可能暗含着非法因素；其次，即使进行了合法收集，但对于所收集的信息进行非法处理或者因技术方面的缺陷导致所收集的信息不慎泄露，使第

---

[1] 杨立新. 网络交易平台提供者民法地位之展开[J]. 山东大学学报（哲学社会科学版），2016（1）：32.

三人获取了消费者的个人信息。因此,仅从消费者网络隐私权保护问题上而言,网络交易平台提供者是需要我们全力应对的存在。

2. 网络交易平台提供者的合同权利

网络交易平台提供者在网络交易平台服务合同中享有一定的权利。这些权利的来源,除了法律规定,还来源于与销售者、服务者签订的服务合同约定及行业规范规定。网络交易平台提供者所享有的主要权利有:①对网络交易平台交易秩序的管理权利。网络交易平台提供者有权制定平台内部管理制度来规范入驻该平台的经营者的经营行为。②对网络交易平台运营的管理权。网络交易平台提供者有权采取必要的技术手段和管理措施,保障网络交易平台的正常运行,维护网络交易秩序,保护网络交易安全,当然这同时也是网络交易平台提供者应当承担的义务。③对销售者、服务者的身份信息及交易信息进行搜集、管理的权利。网络交易平台提供者有权要求申请入驻该平台的销售者、服务者进行用户注册,并对其注册信息的真实性进行审查。④对于违法经营的销售者、服务者的违法行为有权进行调查,并且在查实后,有权在其相应的权限内进行处罚。⑤其他管理、运营网络交易平台,维护网络交易秩序和安全的必要权利。[1]

3. 网络交易平台提供者的民事责任

网络交易平台提供者在网络交易平台服务合同中,应当承担两种民事责任。第一是违约责任。网络交易平台提供者在履行网络交易平台服务合同中,如果违反合同约定的义务就应当承担违约责任,应当依照《民法典》合同编的规定,确定违约行为的性质及具体的违约责任承担方式。此外,依据《消费者权益保护法》第44条第1款的规定,当网络交易平台提供者做出更有利于消费者的承诺时,实际上可以看作是就该承诺内容与消费者之间订立了合同,故当网络交易平台提供者不履行上述承诺时,应当向消费者承担违约责任。第二是侵权责任。当平台内从事网络交易行为的销售者、服务者侵害消费者合法权益时,作为平台管理者,网络交易平台提

---

[1] 杨立新. 网络交易平台提供者民法地位之展开[J]. 山东大学学报(哲学社会科学版),2016(1):31.

第三章 保护网络交易中消费者隐私权的必要性

供者应当承担侵权责任，具体如下：①销售者销售的商品或服务者提供的服务造成消费者损害，而网络交易平台提供者不能提供销售者或者服务者的真实名称、地址和有效联系方式的，应当依照《消费者权益保护法》第44条第1款[1]规定，承担附条件不真正连带责任[2]；②销售者销售的商品或服务者提供的服务造成消费者损害，网络交易平台提供者明知或者应知销售者或者服务者利用其平台侵害消费者合法权益，未采取必要措施的，即网络交易平台提供者主观上存在过错，应当依照《消费者权益保护法》第44条第2款[3]规定与该销售者或者服务者承担连带责任。

关于网络交易平台提供者民事责任的承担方式，除了应当采取删除、屏蔽、断开链接等必要措施消除危险及防止损害扩大，主要承担的是赔偿责任。依据《民法典》第1 182条[4]及《最高人民法院关于审理利用信息网络侵害人身权益民事纠纷案件适用法律若干问题的规定》第18条第1款的规定，赔偿损失的范围包括被侵权人为制止侵权行为所支付的合理开支。[5] 依据同法第18条第2款规定，当被侵权人因

---

[1] 《消费者权益保护法》第44条第1款："消费者通过网络交易平台购买商品或者接受服务，其合法权益受到损害的，可以向销售者或者服务者要求赔偿。网络交易平台提供者不能提供销售者或者服务者的真实名称、地址和有效联系方式的，消费者也可以向网络交易平台提供者要求赔偿；网络交易平台提供者作出更有利于消费者的承诺的，应当履行承诺。网络交易平台提供者赔偿后，有权向销售者或者服务者追偿。"

[2] 杨立新. 网络平台提供者的附条件不真正连带责任与部分连带责任[J]. 法律科学，2015（1）：31.

[3] 《消费者权益保护法》第44条第2款："网络交易平台提供者明知或者应知销售者或者服务者利用其平台侵害消费者合法权益，未采取必要措施的，依法与该销售者或者服务者承担连带责任。"

[4] 《民法典》第1 182条："侵害他人人身权益造成财产损失的，按照被侵权人因此受到的损失或者侵权人因此获得的利益赔偿；被侵权人因此受到的损失以及侵权人因此获得的利益难以确定，被侵权人和侵权人就赔偿数额协商不一致，向人民法院提起诉讼的，由人民法院根据实际情况确定赔偿数额。"

[5] 依据《最高人民法院关于审理利用信息网络侵害人身权益民事纠案件适用法律若干问题的规定》第18条第1款的规定，合理开支包括被侵权人或者委托代理人对侵权行为进行调查、取证的合理费用。人民法院根据当事人的请求和具体案情，可以将符合国家有关部门规定的律师费用计算在赔偿范围内。

人身权益受侵害造成的财产损失或者侵权人因此获得的利益难以确定时，人民法院可以根据具体案情在 50 万元以下的范围内确定赔偿数额。依据《民法典》第 1 183 条[1] 及《最高人民法院关于审理利用信息网络侵害人身权益民事纠案件适用法律若干问题的规定》第 17 条[2] 的规定，网络服务提供者侵害网络用户隐私权造成严重精神损害的，还应当承担精神损害赔偿责任。

4. 网络交易平台提供者的免责事由

依据《民法典》第 1 036 条和 1 038 条的规定，网络交易平台提供者在以下情形下，不必承担侵权责任：

（1）在该自然人或者其监护人同意的范围内合理实施的行为。

（2）合理处理该自然人自行公开的或者其他已经合法公开的信息，但是该自然人明确拒绝或者处理该信息侵害其重大利益的除外。

（3）为维护公共利益或者该自然人合法权益，合理实施的其他行为。

（4）在取得自然人同意后对其信息进行处理。

（5）处理了经过加工无法识别特定个人且不能复原的信息。

（6）有证据证明为了防止信息泄露、篡改、丢失，已采取了技术措施和其他必要措施，或者发生或在可能发生个人信息泄露、篡改、丢失时，及时采取了补救措施，并按照规定告知了自然人并已向有关主管部门报告。例如，在"闫某与某互联网信息服务有限公司、某科技有限公司侵犯名誉权、隐私权纠纷案"中，某博主发表涉及原告个人隐私的文章，原告先后向某互联网信息服务有限公司（以下简称 A 公司）和某科技有限公司（以下简称 B 公司）发出律师函要求采取必要措施，A 公

---

[1] 《民法典》第 1 183 条："侵害自然人人身权益造成严重精神损害的，被侵权人有权请求精神损害赔偿。因故意或者重大过失侵害自然人具有人身意义的特定物造成严重精神损害的，被侵权人有权请求精神损害赔偿。"

[2] 《最高人民法院关于审理利用信息网络侵害人身权益民事纠案件适用法律若干问题的规定》第 17 条："网络用户或者网络服务提供者侵害他人人身权益，造成财产损失或者严重精神损害，被侵权人依据侵仅责任法第二十条和第二十二条的规定请求其承担赔偿责任的，人民法院应予支持。"

第三章 保护网络交易中消费者隐私权的必要性

司在诉讼中未提交证据证明其采取了删除等必要措施，B 公司则提供证据证明采取了断开链接、删除等措施。原告起诉要求两公司提供博主的个人信息。对此，一审法院认为，A 公司不能证明其已尽到《互联网电子公告服务管理规定》所规定的事前提示和事后监督义务，应承担相应法律后果。B 公司在公司旗下的网站首页公示了权利人的投诉渠道和投诉步骤，设置了投诉链接及权利声明，并明确提示网络用户的注意义务，已尽到了法定的事前提示和提供有效投诉渠道的事后监督义务，不承担侵权责任。A 公司未能举证证明接到原告通知后采取了必要措施，应承担侵权责任；B 公司则在接到原告通知后及时采取了断开链接、删除等措施，不承担侵权责任。原告要求 A 公司提供博主的 IP 地址和全部注册信息，包括但不限于姓名、地址、联系方式等资料，由于两个博客的内容涉及了原告的人格权益，原告有权知晓该网络用户的个人信息以便主张权利，A 公司应当在网络技术力所能及的范围内，向原告披露上述两位博主的网络用户信息，以维护其保护自身合法权益的信息知情权，应予支持。在本案中，B 公司尽到了事前提示和提供有效投诉渠道的事后监督义务，在接到原告通知后及时采取了断开链接、删除等措施而最终得以免责。

需要注意的是，实践中，网络交易平台提供者为了防止信息泄露、篡改、丢失采取的相关努力是否达到了免责的程度，是容易产生争议的问题，是需要法官结合案情进行具体裁量的问题。例如，在"蔡某与某公司侵害名誉权、肖像权、姓名权、隐私权纠纷案"中，一审法院和二审法院就网络交易平台提供者行为责任认定上就出现了不同的观点。该案件的基本案情如下：原告作为政协委员公开发表某提案后，引起社会舆论关注。网络用户于某贴吧中开设的"蔡某吧"内，发表了具有侮辱、诽谤性质的文字和图片信息，且蔡某的个人手机号码、家庭电话等个人信息也被公布。该公司在其贴吧首页分别规定了使用贴吧的基本规则和投诉方式及规则。其中规定，任何用户发现贴吧帖子内容涉嫌侮辱或诽谤他人，侵害他人合法权益的或违反贴吧协议的，有权按贴吧投诉规则进行投诉。蔡某委托梁某以电话方式与该公司就涉案贴吧进行交涉，但该公司未予处理，梁某又申请做"蔡某吧"管理员，未获通过，后梁某发信息给贴吧管理组申请删除该贴吧侵权帖子，但该管理组未予答复。

网络交易中的消费者隐私权保护研究

2009年10月13日，蔡某委托律师向该公司发送律师函，要求其履行法定义务，删除侵权言论并关闭"蔡某吧"。该公司在收到律师函后，删除了"蔡某吧"中涉嫌侵权的网帖。蔡某起诉该公司，要求其删除侵权信息，关闭"蔡某吧"，披露发布侵权信息的网络用户的个人信息并赔偿损失。对此，一审法院认为，贴吧服务是以特定的电子交互形式为上网用户提供信息发布条件的网络服务，法律并未课以网络服务商对贴吧内的帖子逐一审查的法律义务，因此，不能因在网络服务商提供的电子公告服务中出现了涉嫌侵犯个人民事权益的事实就当然推定其应当"知道"该侵权事实。根据《互联网电子公告服务管理规定》，网络服务商仅需对其电子公告平台上发布的涉嫌侵害私人权益的侵权信息承担"事前提示"及"事后监管"的义务，提供权利人方便投诉的渠道并保证该投诉渠道的有效性。该公司已尽到了法定的事前提示和提供有效投诉渠道的事后监督义务，未违反法定注意义务。该公司在2009年10月15日收到蔡某律师函后，立即对侵权信息进行了删除处理，不承担侵权责任。由于该公司已经删除了侵权信息并采取了屏蔽措施防止新的侵权信息发布，蔡某继续要求该公司关闭涉诉贴吧于法无据，且蔡某因公众关注的某改革事件而被动成为公众人物，成为公众关注的焦点，出于舆论监督及言论自由的考虑，应当允许公众通过各种渠道发表不同的声音，只要不对蔡某本人进行恶意的人身攻击及侮辱即可。而"蔡某吧"只是公众舆论对公众人物和公众事件发表言论的渠道，以蔡某命名贴吧名只是指代舆论关注的焦点，其本身并无侵害其姓名权的故意，对关闭"蔡某吧"的请求不予支持。关于蔡某诉前要求该公司提供相关网络用户的个人信息，该公司依照《互联网电子公告服务管理规定》第15条未直接向蔡某提供侵权网络用户信息，并无过错。蔡某诉讼请求该公司提供上述信息，该公司亦当庭表示在技术上可以提供，故蔡某要求该公司通过法院向蔡某提供涉嫌侵权的网络用户信息的诉讼请求理由正当，一审法院对此予以支持。而二审法院认为，该公司在收到梁某投诉后未及时采取相应措施，直至蔡某委托发出正式的律师函，才采取删除信息等措施，在梁某投诉后和蔡某发出正式律师函这一时间段怠于履行事后管理的义务，致使网络用户侵犯蔡某的损害后果扩大，应当承担相应侵权责任。根据本案具体情况，

第三章 保护网络交易中消费者隐私权的必要性

该公司应当赔偿蔡某精神抚慰金十万元。该案件涉及网络服务提供者的责任边界问题，在以下三个方面具有参考意义：一是通知人通知的方式及效果与网络服务提供者公示的方式存在关系，只要通知人满足了网络服务提供者公示的通知方式，网络服务提供者就应当采取必要措施。二审法院认定原告委托的代理人投诉至原告律师函送达之间这一段期间的责任由某公司承担，即以此为前提。二是判断网络服务提供者是否知道网络用户通过网络服务侵害他人权益，不能仅以其提供的服务中出现了侵权事实就当然推定其应当"知道"。三是要注意把握对公众人物的监督、表达自由与侵权之间的界限，实现两者之间的平衡，一、二审法院对删除"蔡某吧"的诉讼请求不予支持，利益衡量妥当。[1]

实践中，很多网络交易平台提供者在其"用户协议"或"隐私政策"中做出免责声明。例如，某网络交易平台提供者的"隐私权政策"中写道："我们在以下情况下收集、使用您的个人信息无须您的授权同意，且我们可能不会响应您提出的更正/修改、删除、注销、撤回同意、索取信息的请求：（1）与国家安全、国防安全有关的；（2）与公共安全、公共卫生、重大公共利益有关的；（3）与犯罪侦查、起诉、审判和判决执行等司法或行政执法有关的；（4）出于维护您或其他个人的生命、财产等重大合法权益但又很难得到本人同意的；（5）您自行向社会公众公开的个人信息；（6）从合法公开披露的信息中收集个人信息的，如合法的新闻报道、政府信息公开等渠道；（7）根据与您签订和履行相关协议或其他书面文件所必需的；（8）用于维护所提供的产品及/或服务的安全稳定运行所必需的，例如发现、处置产品及/或服务的故障；（9）为合法的新闻报道所必需的；（10）学术研究机构基于公共利益开展统计或学术研究所必要，且对外提供学术研究或描述的结果时，对结果中所包含的个人信息进行去标识化处理的；（11）法律法规规定的其他情形。请知悉，根据适用的法律，若我们对个人信息采取技术措施和其他必要措施进行处理，使得数据接收方无法重新识别特定个人且不能复原，或我们可能会对收集的信息进

---

[1] 引自《最高人民法院公布8起利用信息网络侵害人身权益典型案例》案例2。

行去标识化研究、统计分析和预测,用于改善该网络交易平台提供者的内容和布局,为商业决策提供产品或服务支撑,以及改进我们的产品和服务(包括使用匿名数据进行机器学习或模型算法训练),则此类处理后数据的使用无须另行向您通知并征得您的同意。"其中(1)(2)(3)(4)(7)(8)(9)属于上述网络服务提供者免责的第三种情形,(5)(6)属于网络服务提供者免责的第二种情形,(10)属于网络服务提供者免责的第五种情形。也就是说,该网络交易平台提供者的以上免责事由基本符合法律规定,但仍有不公平之处,如上述网络服务提供者免责的第二种情形中有但书规定,即使是自然人自行公开的或者其他已经合法公开的信息,但该自然人明确拒绝或者处理该信息侵害其重大利益时就不可以进行处理,但免责事由(5)(6)中删去了网络服务提供者免责的第二种情形中的但书规定,这实际上是"提供格式条款一方不合理地免除或者减轻其责任"的情形,应当依据《民法典》第497条的规定认定该格式条款无效。

二、影响网络交易发展的因素

(一)国家的网络交易发展战略和技术经济政策

国务院总理李克强2015年3月5日在第十二届全国人民代表大会第三次会议上所做的政府工作报告中首次提出,要"制定'互联网+'行动计划,推动移动互联网、云计算、大数据、物联网等与现代制造业结合,促进电子商务、工业互联网和互联网金融健康发展"。这实际上意味着互联网发展战略已上升至国家层面。诚然,发展网络交易离不开政府、经营者及消费者的共同努力。

(二)一国的网络交易法律制度

若想一种社会关系有序发展,最有力且有效的方法就是通过相关立法对其进行规制。当法律法规介入社会关系之中对其进行调整时,该社会关系便转化为一种法律关系。近年来,为了顺应网络交易的发展,规范网络商品交易及有关服务,保护消费者和经营者的合法权益,促进网络经济持续健康发展,我国制定了一系列专门规范网络交易的法律法规,包括2016年通过的《网络安全法》、2018年颁布的《中华人民共和国电子商务法》、2018年颁布的《网络交易价格举报管辖规定》及2021年通过的《网络交易监督管理办法》等。此外，《消费者权益保护法》《中华人民共和国产品质量法》《中华人民共和国反不正当竞争法》《中华人民共和国商标法》《中华人民共和国广告法》《中华人民共和国电子签名法》《民法典》《价格行政处罚程序规定》《价格违法行为举报处理规定》等法律法规也适用于网络交易。

（三）一国的社会文化环境

我国影响网络交易的社会文化因素包括：①经营者对网络交易的认知。我国部分经营者认识到发展网络营销是谋求企业竞争优势的重要手段，而有一些经营者仍处于观望等待之中。有些经营者虽然建立了自己的网站，但仍以线下交易为主，并没有投入很多精力去更新和完善网站信息，甚至成为空壳网站。即便选择了网络交易模式，很多经营者要么尚未意识到网络安全关乎自身的长远发展，要么出于节省成本的考虑并没有在网络安全技术等方面做出足够的投入，导致网络交易纠纷频频发生，阻碍了网络交易的正常发展。②消费者对网络交易的认知。由于受根深蒂固的传统消费思想的影响，加上当前网络交易中存在安全、支付、配送、收到商品质量不符合预期及售后服务不到位等诸多问题，使消费者对网络交易产生畏惧心理，虽然上网对商品及服务内容进行了浏览，但最终仍选择到实体店购买商品或接受服务。③现行的商业文化与信用体系。目前，我国无论是线上还是线下交易中，不乏恶性经营者行欺诈、不顾消费者的生命健康安全出售质量不合格的商品、以次充好谋取暴利、侵犯知识产权、侵犯消费者网络隐私权等合法权益、售后服务不到位等违法行为，污染着整个商业文化，破坏了市场信用体系，打击了消费者对市场交易特别是网络这一虚拟场所交易的信心，最终阻碍了网络交易的发展。[1]

在以上影响网络交易发展的因素中，网络交易法律制度虽不能说是起决定性作用的因素，但可以说是影响网络交易发展的非常关键的因素。网络交易能否良性发展，很大程度上取决于一国相关立法状况。

---

1 孟友媛. 试论网络营销在我国的发展及其思考[J]. 商场现代化，2008（28）：38.

第二节 我国消费者网络隐私权保护制度现状

一、网络隐私权保护立法现状

在我国,虽然20世纪80年代初起学界已经开始研究隐私权,但在《侵权责任法》正式确认隐私权为一项独立的需要保护的民事权利之前,隐私权一直没能够得到法律上的认可。随着隐私权被明确为一项独立的人格权及电子商务的迅速发展,网络隐私权保护问题逐渐成为一个重要的课题。无论是立法机关还是学术界,都对网络隐私权保护问题给予了高度重视。

关于我国网络隐私权保护立法现状,本书主要从网络安全与交易法律法规、民事法律法规、消费者权益保护法律法规、刑事法律法规、《宪法》及其他法律法规五个方面进行分析和总结。

(一)网络安全与交易法律法规

网络安全是指网络系统的硬件、软件及其系统中的数据受到保护,不因偶然的或恶意的原因而遭到破坏、更改、泄露,系统连续可靠正常地运行,网络服务不中断。网络安全包括存储或传输中的信息安全,非授权访问、泄露或丢失信息、破坏数据的完整性、拒绝服务攻击、利用网络传播病毒等威胁网络安全的因素都会使信息安全受到威胁。因此,维护网络安全,信息安全便会得到保障,研究网络隐私权保护问题离不开对网络安全的研究。

网络法作为对网络实行全面有效规范的法律体系,其体系结构与现行法律体系的构成基本相似:有规范网上财产关系与人身关系的网络民法;有规范网络上严重危害行为的网络刑法;有设定国家对网络管理权限、职责的网络行政法及其他一些法律部门。[1] 依据《全国人民代表大会常务委员会关于维护互联网安全的决定》(以下简称《关于维护互联网安全的决定》)第6条规定,侵犯消费者网络隐私权的违法行为,违反社会治安管理,尚不构成犯罪的,由公安机关依照《中华人民共和国

---

[1] 谭建初,李政辉. 论互联网中的隐私权——由一则案例谈起[J]. 河北法学,2001(2):107.

第三章 保护网络交易中消费者隐私权的必要性

治安管理处罚条例》予以处罚;违反其他法律、行政法规,尚不构成犯罪的,由有关行政管理部门依法给予行政处罚;对直接负责的主管人员和其他直接责任人员,依法给予行政处分或者纪律处分。利用互联网侵犯他人合法权益,构成民事侵权的,依法承担民事责任。由此可见,侵犯消费者网络隐私权的行为在我国可能承担的责任包括刑事责任、民事责任及行政责任。承担刑事责任的典型案例为"吴某等非法控制计算机信息系统、侵犯公民个人信息案"。该案的基本案情如下:2017 年 11 月至 2019 年 8 月底,某科技有限公司(以下简称某公司)实际控制人吴某等人在与多家手机主板生产商合作过程中,将木马程序植入手机主板内。装有上述主板的手机出售后,吴某等人通过之前植入的木马程序控制手机回传短信,获取手机号码、验证码等信息,并传至公司后台数据库,后由该公司商务组人员联系李某(在逃)、管某等人非法出售手机号码和对应的验证码。期间,某公司以此作为公司主要获利方式,通过非法控制 330 余万部手机并获取相关手机号码及验证码数据 500 余万条,出售这些数据后获利人民币 790 余万元。其中,李某等人向某公司购买非法获取的手机号码和验证码后,利用自行开发的平台软件贩卖给陈某等人。陈某等人将从李某处非法购买的个人信息用于平台用户注册、"拉新"、"刷粉"、积分返现等,非法获利人民币 80 余万元。管某从某公司购买手机号码和对应的验证码后,也用于上述用途,非法获利人民币 30 000 余元。2019 年 12 月 31 日,该地县公安局将本案移送县人民检察院审查起诉。2020 年 6 月 19 日,县人民检察院对吴某等 5 人以非法控制计算机信息系统罪,对陈某、管某等 14 人以侵犯公民个人信息罪提起公诉。2020 年 11 月 18 日,县人民法院以非法控制计算机信息系统罪分别判处吴某等 5 名被告人有期徒刑二年至四年六个月不等,并处罚金;以侵犯公民个人信息罪分别判处陈某、管某等 14 名被告人有期徒刑六个月至三年六个月不等,并处罚金。该案的典型意义如下:①利用公民个人信息实施网络犯罪日益高发,获取信息方式日趋隐蔽。当前,非法获取公民个人信息的现象屡见不鲜,手段花样翻新,往往成为网络犯罪的必备前置程序。这些行为侵害了公民个人隐私和人身、财产权利,滋生大量网络违法犯罪,社会危害巨大。②依法严厉打击侵犯公民个人信息的犯罪行为。违

网络交易中的消费者隐私权保护研究

反国家规定,非法获取、出售或提供上述公民个人信息,情节严重的,构成侵犯公民个人信息罪,应当依法严厉打击。③提高个人防范意识,规范企业行业数据收集使用。社会公众要提高对个人信息的保护意识,不轻易点击、下载来源不明的链接和程序,务必在正规商店购买正规厂家生产的电子设备,不轻易向外透露个人信息。

我国从20世纪90年代中期至今,出台了一系列有关信息网络安全与规范网络交易方面的法律法规及行政规章。我国目前现行有效的网络安全与交易相关法律法规包括由全国人民代表大会常务委员会通过的《全国人民代表大会常务委会员关于加强网络信息保护的决定》[1](2012年)、《网络安全法》[2](2016年)2部法律,《中华人民共和国计算机信息网络国际联网管理暂行规定》(1996年颁布、1997年修订)、《计算机信息网络国际联网安全保护管理办法》(2011年修订)、《互联网信息服务管理办法》(2011年修订)、《国务院办公厅关于同意建立网络市场监管部际联席会议制度的函》(2016年)、《国务院办公厅关于同意调整完善网络市场监管部际联席会议制度的函》(2020年)5部行政法规,《最高人民法院关于印发〈全国法院计算机信息网络建设管理暂行规定(试行)〉的通知》(1996年)、《互联网电子公告服务管理规定》(2000年)、《最高人民法院公布8起利用信息网络侵害人身权益典型案例》(2014年)、《最高人民法院关于审理利用信息网络侵害人身权益民事纠纷案件适用法律若干问题的规定》(2020年修订)4部司法解释及《邮电部关于发布〈计算机信息网络国际联网出入口信道管理办法〉的通知》

---

[1] 这是一部旨在保护识别公民个人身份和涉及公民个人隐私的电子信息即公民网络信息安全的法律。该法以国家保护公民隐私电子信息的宣示性条款开始,分别从网络服务提供者责任,网络使用者真实身份注册制度,公民隐私信息维护权,相关主管部门、国家机关及其工作人员的职责,以及违法的法律后果等角度对网络个人信息安全做出了详尽的保护规定。该法的出台初步弥补了个人信息保护法律领域的空白。

[2] 2016年11月7日,为了保障网络安全,维护网络空间主权和国家安全、社会公共利益,保护公民、法人和其他组织的合法权益,促进经济社会信息化健康发展,中华人民共和国第十二届全国人民代表大会常务委员会第二十四次会议通过了《网络安全法》。该法是一部为保障网络安全,维护网络空间主权和国家安全、社会公共利益,保护公民、法人和其他组织的合法权益,促进经济社会信息化健康发展而制定的法律。该法第四章中对网络信息安全做出了专章规定。

第三章 保护网络交易中消费者隐私权的必要性

（1996年）、《国内贸易部关于发布〈全国食品流通电子网络管理试行办法〉的通知》（1997年）、《农业部计算机信息网络系统安全保密管理暂行规定》（1997年）、《国家统计信息网络管理暂行规定》（1998年）、《铁路计算机信息网络国际联网保密管理暂行规定》（1999年）、《人事部关于印发〈全国人事系统远程通信网络管理暂行规定〉的通知》（1999年）、《全国人民代表大会常务委员会关于维护互联网安全的决定》（2009年修正）、《计算机病毒防治管理办法》（2000年）、《中华人民共和国电信条例》（2000年）、《中文域名注册管理办法（试行）》（2000年）、《计算机信息系统国际联网保密管理规定》（2000年）、《互联网电子邮件服务管理办法》（2006年）、《通信网络安全防护管理办法》（2010年）、《信息安全技术公共及商用服务信息系统个人信息保护指南》[1]（2013年）、《电信和互联网用户个人信息保护规定》[2]（2013年）、《网络零售第三方平台交易规则制定程序规定（试行）》（2014年）、《非银行支付机构网络支付业务管理办法》（2015年）、《国家网络空间安全战略》（2016年）、《网络借贷信息中介机构业务活动管理暂行办法》（2016年）、《网络食品安全违法行为查处办法》（2021年修订）《中国银监会办公厅、公安部办公厅关于印发〈电信网络新型违法犯罪案件冻结资金返还若干规定实施细则〉的通知》（2016年）、《文化部关于印发〈网络表演经营活动管理办法〉的通知》（2016年）、《交通运输部办公厅关于网络预约出租汽车车辆准入和退出有关工作流程的通知》（2016年）、《交通运输部办公厅、工业和信息化部办公厅、公安部办公厅等关于网络预约出租汽车经营者申请线上服务能力认定工作流程的通知》（2016年）、《关于进一步加强校园网贷整治工作的通知》（2016年）、《中国人民银行关于加强支付结算管理防范电信网络新型违法犯罪有关事项的通知》（2016年）、《关于加强国家网络安全标准化工作的若干意见》（2016

---

[1] 2013年2月1日起实施的《信息安全技术公共及商用服务信息系统个人信息保护指南》是我国首个个人信息保护的国家标准。该标准最显著的特点是规定个人敏感信息在收集和利用之前，必须首先获得个人信息主体明确授权，尽管不具有强制性，但该标准的出台意味着我国个人信息保护工作正式进入"有标可依"阶段。

[2] 该法以保护电信和互联网用户的合法权益，维护网络信息安全为其立法目的。该法第二章对电信业务经营者、互联网信息服务提供者的信息收集和使用规范做出了专门规定。

网络交易中的消费者隐私权保护研究

年)、《中国银监会、公安部关于印发电信网络新型违法犯罪案件冻结资金返还若干规定的通知》(2016年)、《文化部关于加强网络表演管理工作的通知》(2016年)、《工商总局关于进一步做好查处网络传销工作的通知》(2016年)、《教育部办公厅、中国银监会办公厅关于加强校园不良网络借贷风险防范和教育引导工作的通知》(2016年)、《中国人民银行、工业和信息化部、公安部、国家工商行政管理总局关于建立电信网络新型违法犯罪涉案账户紧急止付和快速冻结机制的通知》(2016年)、《工商总局关于促进网络服务交易健康发展规范网络服务交易行为的指导意见(暂行)》(2016年)、《网络出版服务管理规定》(2016年)、《医疗器械网络销售监督管理办法》(2017年)、《工业和信息化部关于印发〈公共互联网网络安全突发事件应急预案〉的通知》(2017年)、《工业和信息化部关于印发〈公共互联网网络安全威胁监测与处置办法〉的通知》(2017年)、《中华全国供销合作总社办公厅关于进一步加强系统网络安全防护工作的通知》(2017年)、《国务院国有资产监督管理委员会关于进一步加强中央企业网络安全工作的通知》(2017年)、《网络空间国际合作战略》(2017年)、《中国银监会办公厅关于印发网络借贷资金存管业务指引的通知》(2017年)、《中华人民共和国电子商务法》(2018年)、《国家能源局关于加强电力行业网络安全工作的指导意见》(2018年)、《国家林业和草原局关于进一步加强网络安全和信息化工作的意见》(2018年)、《中国人民银行关于加强跨境金融网络与信息服务管理的通知》(2018年)、《认监委关于发布网络关键设备和网络安全专用产品安全认证实施规则的公告》(2018年)、《中国银保监会办公厅关于加强无线网络安全管理的通知》(2018年)、《交通运输部办公厅、中央网信办秘书局、工业和信息化部办公厅、公安部办公厅、中国人民银行办公厅、国家税务总局办公厅、国家市场监督管理总局办公厅关于加强网络预约出租汽车行业事中事后联合监管有关工作的通知》(2018年)、《工业和信息化部办公厅关于深入推进互联网网络接入服务市场清理规范工作的通知》(2018年)、《公安部关于印发〈网络安全等级保护测评机构管理办法〉的通知》(2018年)、《交通运输部办公厅关于印发〈网络预约出租汽车监管信息交互平台运行管理办法〉的通知》(2018年)、《全国信息安全标准化技术委员会秘书处关于发布

第三章 保护网络交易中消费者隐私权的必要性

〈网络安全实践指南——应对截获短信验证码实施网络身份假冒攻击的技术指引〉的通知》(2018年)、《网络信息内容生态治理规定》(2020年)、《儿童个人信息网络保护规定》(2019年)、《网络预约出租汽车经营服务管理暂行办法》(2019年修正)、《全国信息安全标准化技术委员会〈网络安全标准实践指南〉管理办法(暂行)》(2019年)、《全国信息安全标准化技术委员会秘书处关于发布〈网络安全实践指南——移动互联网应用基本业务功能必要信息规范〉的通知》(2019年)、《中国人民银行关于进一步加强支付结算管理 防范电信网络新型违法犯罪有关事项的通知》(2019年)、《网络安全审查办法》(2020年)、《网络餐饮服务食品安全监督管理办法》(2020年)、《国家广播电视总局关于加强网络秀场直播和电商直播管理的通知》(2020年)、《市场监管总局关于加强网络直播营销活动监管的指导意见》(2020年)、《中华人民共和国公安部关于印送〈贯彻落实网络安全等级保护制度和关键信息基础设施安全保护制度的指导意见〉的函》(2020年)、《中华人民共和国公安部关于新冠肺炎疫情期间依法严厉打击跨境赌博和电信网络诈骗犯罪的通告》(2020年)、《网络购买商品七日无理由退货暂行办法》(2020年修订)、《网络交易监督管理办法》(2021年)、《国家七部门联合发布〈关于加强网络直播规范管理工作的指导意见〉》(2021年)、《全国信息安全标准化技术委员会秘书处关于发布〈网络安全标准实践指南——人工智能伦理安全风险防范指引〉的通知》(2021年)、《网络直播营销管理办法(试行)》(2021年)、《个人信息保护法》(2021年)等多部部门规章。

此外,2020年6月26日,国务院办公厅公开发布了《国务院2020年立法工作计划》,《关键信息基础设施[1] 安全保护条例》被纳入其立法计划中。事实上,关于关键信息基础设施的相关法规政策可追溯至4年前。2017年6月1日起施行的《网络安全法》中规定了关键信息基础设施提供者的相关义务和规则,对其在网络运营者的义务基础上,增加了特殊的责任。时隔1个多月,国家互联网信息办公室于2017年7月10日发布了《关键信息基础设施安全保护条例(征求意见稿)》,该部条例

---

[1] 关键信息基础设施是指面向公众提供网络信息服务或支撑能源、通信、金融、交通、公用事业等重要行业运行的信息系统或工业控制系统。

属于《网络安全法》的重要配套规定和下位法,规定了重要行业领域的网络安全要求。

为贯彻落实《网络安全法》有关"网络运营者收集、使用个人信息,应当遵循合法、正当、必要的原则""网络运营者不得收集与其提供的服务无关的个人信息"等规定,2021年3月12日,国家互联网信息办公室、工业和信息化部、公安部、国家市场监督管理总局联合发布《常见类型移动互联网应用程序必要个人信息范围规定》,明确了地图导航、网络约车、即时通信、网络购物等39类常见类型移动应用程序必要个人信息范围,要求APP不得因为用户不同意提供非必要个人信息,而拒绝用户使用其基本功能服务。该规定已于2021年5月1日起施行。

总体而言,我国网络安全保障体系正在不断完善,网络安全能力和水平不断提升,为我国整个互联网市场发展环境奠定了法律基础。

(二)民事法律法规

依据我国2020年颁布的《民法典》总则编第五章的规定,自然人享有生命权、身体权、健康权、姓名权、肖像权、名誉权、荣誉权、隐私权、婚姻自主权、个人信息权、物权、债权、继承权、知识产权等权利。同时,《民法典》总则编确认了消费者的民事主体地位,因此消费者和其他自然人一样也依法享有隐私权。当隐私权受到侵害时,消费者有权获得相关法律救济。《民法典》不仅在总则编第110条第1款明确将"隐私权"列入"民事权利"范畴,还在分则人格权编中对隐私权的内涵等做出了进一步规定。

关于网络环境下的隐私权的保护问题,民事法律法规主要对网络服务提供者及第三人的侵权责任做出了规定。关于网络服务提供者的责任,虽然网络交易平台只是提供了中立的技术服务[1],但是鉴于网络交易平台的特殊性质,《民法典》对其侵

---

1 刘志娟. 个人网店商事主体地位辨析[J]. 重庆邮电大学学报(社会科学版),2013,25(4):51.

第三章 保护网络交易中消费者隐私权的必要性

犯隐私权的责任做出了如下规定：① 在第 1 195 条[1]中规定了网络服务提供者的"通知—移除"制度，具体对网络服务提供者采取补救措施的义务、未及时采取补救措施的责任及错误通知时的权利人的责任做出了规定[2]；② 在第 1 197 条中对网络服务提供者承担连带责任的情形做出了规定，即网络服务提供者知道或者应当知道网络用户利用其网络服务侵害他人民事权益而未采取必要措施时，应当与该侵犯其他用户的隐私权等合法权益的网络用户承担连带责任。[3] 此外，《消费者权益保护法》第 44 条也对网络交易平台责任做出了规定。在目前的法律规制下，网络交易平台的经营者不能以仅提供中立的技术服务而免责。[4]

---

[1] 《民法典》第 1 195 条："网络用户利用网络服务实施侵权行为的，权利人有权通知网络服务提供者采取删除、屏蔽、断开链接等必要措施。通知应当包括构成侵权的初步证据及权利人的真实身份信息。网络服务提供者接到通知后，应当及时将该通知转送相关网络用户，并根据构成侵权的初步证据和服务类型采取必要措施；未及时采取必要措施的，对损害的扩大部分与该网络用户承担连带责任。权利人因错误通知造成网络用户或者网络服务提供者损害的，应当承担侵权责任。法律另有规定的，依照其规定。"

[2] 《最高人民法院关于审理利用信息网络侵害人身权益民事纠纷案件适用法律若干问题的规定》第 4 条规定："人民法院适用民法典第一千一百九十五条第二款的规定，认定网络服务提供者采取的删除、屏蔽、断开链接等必要措施是否及时，应当根据网络服务的类型和性质、有效通知的形式和准确程度、网络信息侵害权益的类型和程度等因素综合判断。"

[3] 《最高人民法院关于审理利用信息网络侵害人身权益民事纠纷案件适用法律若干问题的规定》第 6 条规定："人民法院依据民法典第一千一百九十七条认定网络服务提供者是否'知道或者应当知道'，应当综合考虑下列因素：（一）网络服务提供者是否以人工或者自动方式对侵权网络信息以推荐、排名、选择、编辑、整理、修改等方式作出处理；（二）网络服务提供者应当具备的管理信息的能力，以及所提供服务的性质、方式及其引发侵权的可能性大小；（三）该网络信息侵害人身权益的类型及明显程度；（四）该网络信息的社会影响程度或者一定时间内的浏览量；（五）网络服务提供者采取预防侵权措施的技术可能性及其是否采取了相应的合理措施；（六）网络服务提供者是否针对同一网络用户的重复侵权行为或者同一侵权信息采取了相应的合理措施；（七）与本案相关的其他因素。"

[4] 吴仕清，丁国民. 论网络交易平台经营者的法律责任[J]. 哈尔滨学院学报，2016（7）：38.

(三）消费者权益保护法律法规

《消费者权益保护法》第二章对消费者的权利做出了专章规定。虽然《消费者权益保护法》中没有明确指出消费者享有隐私权，但如前所述，作为一种民事主体类型的消费者，除了享有作为民法特别法的《消费者权益保护法》所赋予的权利，还享有作为一般民事主体的自然人享有的所有权利。随着网络及网络交易的普及化，消费者在交易过程中新增了对隐私权及个人信息安全的担忧，为了解除消费者的这种担忧，鼓励消费者利用网络进行消费，2013年《消费者权益保护法》修改之际在"消费者的权利"一章中增加了"个人信息依法得到保护的权利"[1]，在"经营者的义务"一章中增加了经营者收集、使用消费者个人信息相关的义务[2]，在"法律责任"一章中对经营者侵害消费者个人信息权的法律责任做出了规定。[3]

---

1 修改前的《消费者权益保护法》第14条规定："消费者在购买、使用商品和接受服务时，享有其人格尊严、民族风俗习惯得到尊重的权利。"2013年新修改的《消费者权益保护法》第14条规定："消费者在购买、使用商品和接受服务时，享有人格尊严、民族风俗习惯得到尊重的权利，享有个人信息依法得到保护的权利。"新《消费者权益保护法》在消费者的权利一章仅修改了第14条的内容，这足以表明消费者的隐私权及个人信息权的保护是新时期最迫切需要解决的问题。

2 《消费者权益保护法》第29条："经营者收集、使用消费者个人信息，应当遵循合法、正当、必要的原则，明示收集、使用信息的目的、方式和范围，并经消费者同意。经营者收集、使用消费者个人信息，应当公开其收集、使用规则，不得违反法律、法规的规定和双方的约定收集、使用信息。经营者及其工作人员对收集的消费者个人信息必须严格保密，不得泄露、出售或者非法向他人提供。经营者应当采取技术措施和其他必要措施，确保信息安全，防止消费者个人信息泄露、丢失。在发生或者可能发生信息泄露、丢失的情况时，应当立即采取补救措施。"

3 《消费者权益保护法》第56条："经营者有下列情形之一，除承担相应的民事责任外，其他有关法律、法规对处罚机关和处罚方式有规定的，依照法律、法规的规定执行；法律、法规未作规定的，由工商行政管理部门或者其他有关行政部门责令改正，可以根据情节单处或者并处警告、没收违法所得、处以违法所得一倍以上十倍以下的罚款，没有违法所得的，处以五十万元以下的罚款；情节严重的，责令停业整顿、吊销营业执照：……（九）侵害消费者人格尊严、侵犯消费者人身自由或者侵害消费者个人信息依法得到保护的权利的……"

第三章 保护网络交易中消费者隐私权的必要性

在有网络交易平台提供者参与的民事法律关系中，存在三个不同的法律关系，一是网络交易法律关系，即销售者、服务者与消费者之间的买卖合同关系或者服务合同关系。这种法律关系的主体是销售者、服务者与消费者，是双方在网络交易平台上进行的买卖合同的交易或者服务合同的交易，是实体的交易法律关系。二是网络交易平台提供者与销售者、服务者之间的网络交易平台服务合同关系。这种法律关系的主体是网络交易平台提供者与销售者、服务者，是双方就网络交易平台服务而达成的网络交易平台服务合同关系。[1] 三是网络交易平台与消费者之间的关系。《消费者权益保护法》主要对前两种法律关系做出了规定。但作者认为，消费者隐私权通常是在第一种与第三种法律关系中受到侵犯，因此本书主要对这两种法律关系进行研究。

此外，2018年制定的《中华人民共和国电子商务法》对经营者应当保护消费者网络隐私权的义务[2]、具体保护手段和救济程序及违法时的法律责任做出了一系列规定，进一步为全面保障消费者在电子商务中的网络隐私权提供了法律依据。

（四）刑事法律法规

为了促进我国互联网的健康发展，维护国家安全和社会公共利益，保护个人、法人和其他组织的合法权益，打击网络犯罪，自1997年至今，刑事法律与司法解释不断推陈出新，法网越织越密。截至目前，涉及网络犯罪的法律规范，从类型上说包括法律、立法性解释与司法解释，正是这些法律文件，构成了研究网络犯罪的法

---

[1] 杨立新.网络交易平台提供者民法地位之展开[J].山东大学学报（哲学社会科学版），2016（1）：30.

[2] 《中华人民共和国电子商务法》第5条："电子商务经营者从事经营活动，应当遵循自愿、平等、公平、诚信的原则，遵守法律和商业道德，公平参与市场竞争，履行消费者权益保护、环境保护、知识产权保护、网络安全与个人信息保护等方面的义务，承担产品和服务质量责任，接受政府和社会的监督。"

律前提。[1]

（1）法律层面。规定了一系列有关侵犯个人信息权的罪名，如 2009 年 2 月 28 日《中华人民共和国刑法修正案（七）》中的非法获取计算机信息系统数据、非法控制计算机信息系统罪[2] 和提供侵入、非法控制计算机信息系统程序、工具罪[3] 及 2015 年 8 月 29 日《刑法修正案（九）》中的拒不履行信息网络安全管理义务罪（《刑法》第 286 条之一规定："网络服务提供者不履行法律、行政法规规定的信息网络安全管理义务，经监管部门责令采取改正措施而拒不改正，有下列情形之一的，处三年以下有期徒刑、拘役或者管制，并处或者单处罚金：（一）致使违法信息大量

---

[1] 于志刚，吴尚聪. 我国网络犯罪发展及其立法、司法、理论应对的历史梳理[J]. 政治与法律，2018（1）：61.

[2] 《刑法》第 285 条第 2 款规定，违反国家规定，侵入前款规定（国家事务、国防建设、尖端科学技术领域的计算机信息系统）以外的计算机信息系统或者采用其他技术手段，获取该计算机信息系统中存储、处理或者传输的数据，或者对该计算机信息系统实施非法控制，情节严重的，处三年以下有期徒刑或者拘役，并处或者单处罚金；情节特别严重的，处三年以上七年以下有期徒刑，并处罚金。

[3] 《刑法》第 285 条第 3 款："提供专门用于侵入、非法控制计算机信息系统的程序、工具，或者明知他人实施侵入、非法控制计算机信息系统的违法犯罪行为而为其提供程序、工具，情节严重的，依照前款的规定处罚。"

第三章　保护网络交易中消费者隐私权的必要性

传播的[1]；（二）致使用户信息泄露，造成严重后果的[2]；（三）致使刑事案件证据灭失，情节严重的；（四）有其他严重情节的。单位犯前款罪的，对单位判处罚金，并对其直接负责的主管人员和其他直接责任人员，依照前款的规定处罚。有前两款行为，同时构成其他犯罪的，依照处罚较重的规定定罪处罚。[3]）和侵犯公民个人信息罪（《刑法》第253条之一规定："违反国家有关规定，向他人出售或者提供公

---

[1]《最高人民法院　最高人民检察院关于办理非法利用信息网络、帮助信息网络犯罪活动等刑事案件适用法律若干问题的解释》第3条规定："拒不履行信息网络安全管理义务，具有下列情形之一的，应当认定为刑法第二百八十六条之一第一款第一项规定的'致使违法信息大量传播'：（一）致使传播违法视频文件二百个以上的；（二）致使传播违法视频文件以外的其他违法信息二千个以上的；（三）致使传播违法信息，数量虽未达到第一项、第二项规定标准，但是按相应比例折算合计达到有关数量标准的；（四）致使向二千个以上用户账号传播违法信息的；（五）致使利用群组成员账号数累计三千以上的通讯群组或者关注人员账号数累计三万以上的社交网络传播违法信息的；（六）致使违法信息实际被点击数达到五万以上的；（七）其他致使违法信息大量传播的情形。"

[2]《最高人民法院　最高人民检察院关于办理非法利用信息网络、帮助信息网络犯罪活动等刑事案件适用法律若干问题的解释》第4条规定："拒不履行信息网络安全管理义务，致使用户信息泄露，具有下列情形之一的，应当认定为刑法第二百八十六条之一第一款第二项规定的'造成严重后果'：（一）致使泄露行踪轨迹信息、通信内容、征信信息、财产信息五百条以上的；（二）致使泄露住宿信息、通信记录、健康生理信息、交易信息等其他可能影响人身、财产安全的用户信息五千条以上的；（三）致使泄露第一项、第二项规定以外的用户信息五万条以上的；（四）数量虽未达到第一项至第三项规定标准，但是按相应比例折算合计达到有关数量标准的；（五）造成他人死亡、重伤、精神失常或者被绑架等严重后果的；（六）造成重大经济损失的；（七）严重扰乱社会秩序的；（八）造成其他严重后果的。"

[3]《最高人民法院　最高人民检察院关于办理侵犯公民个人信息刑事案件适用法律若干问题的解释》第9条："网络服务提供者拒不履行法律、行政法规规定的信息网络安全管理义务，经监管部门责令采取改正措施而拒不改正，致使用户的公民个人信息泄露，造成严重后果的，应当依照刑法第二百八十六条之一的规定，以拒不履行信息网络安全管理义务罪定罪处罚。"

民个人信息[1],情节严重[2]的,处三年以下有期徒刑或者拘役,并处或者单处罚金;情节特别严重[3]的,处三年以上七年以下有期徒刑,并处罚金。违反国家有关规定,

---

1 《最高人民法院 最高人民检察院关于办理侵犯公民个人信息刑事案件适用法律若干问题的解释》第3条:"向特定人提供公民个人信息,以及通过信息网络或者其他途径发布公民个人信息的,应当认定为刑法第二百五十三条之一规定的'提供公民个人信息'。未经被收集者同意,将合法收集的公民个人信息向他人提供的,属于刑法第二百五十三条之一规定的'提供公民个人信息',但是经过处理无法识别特定个人且不能复原的除外。"

2 《最高人民法院 最高人民检察院关于办理侵犯公民个人信息刑事案件适用法律若干问题的解释》第5条第1款:"非法获取、出售或者提供公民个人信息,具有下列情形之一的,应当认定为刑法第二百五十三条之一规定的'情节严重':(一)出售或者提供行踪轨迹信息,被他人用于犯罪的;(二)知道或者应当知道他人利用公民个人信息实施犯罪,向其出售或者提供的;(三)非法获取、出售或者提供行踪轨迹信息、通信内容、征信信息、财产信息五十条以上的;(四)非法获取、出售或者提供住宿信息、通信记录、健康生理信息、交易信息等其他可能影响人身、财产安全的公民个人信息五百条以上的;(五)非法获取、出售或者提供第三项、第四项规定以外的公民个人信息五千条以上的;(六)数量未达到第三项至第五项规定标准,但是按相应比例合计达到有关数量标准的;(七)违法所得五千元以上的;(八)将在履行职责或者提供服务过程中获得的公民个人信息出售或者提供给他人,数量或者数额达到第三项至第七项规定标准一半以上的;(九)曾因侵犯公民个人信息受过刑事处罚或者二年内受过行政处罚,又非法获取、出售或者提供公民个人信息的;(十)其他情节严重的情形。"第6条:"为合法经营活动而非法购买、收受本解释第五条第一款第三项、第四项规定以外的公民个人信息,具有下列情形之一的,应当认定为刑法第二百五十三条之一规定的'情节严重':(一)利用非法购买、收受的公民个人信息获利五万元以上的;(二)曾因侵犯公民个人信息受过刑事处罚或者二年内受过行政处罚,又非法购买、收受公民个人信息的;(三)其他情节严重的情形。实施前款规定的行为,将购买、收受的公民个人信息非法出售或者提供的,定罪量刑标准适用本解释第五条的规定。"

3 《最高人民法院 最高人民检察院关于办理侵犯公民个人信息刑事案件适用法律若干问题的解释》第5条第2款:"实施前款规定的行为,具有下列情形之一的,应当认定为刑法第二百五十三条之一第一款规定的'情节特别严重':(一)造成被害人死亡、重伤、精神失常或者被绑架等严重后果的;(二)造成重大经济损失或者恶劣社会影响的;(三)数量或者数额达到前款第三项至第八项规定标准十倍以上的;(四)其他情节特别严重的情形。"

将在履行职责或者提供服务过程中获得的公民个人信息,出售或者提供给他人的,依照前款的规定从重处罚。窃取或者以其他方法非法获取公民个人信息[1]的,依照第一款的规定处罚。单位犯前三款罪的,对单位判处罚金,并对其直接负责的主管人员和其他直接责任人员,依照各该款的规定处罚。")。

(2)立法解释层面。2000年颁布的《全国人民代表大会常务委员会关于维护互联网安全的决定》作为一部单行刑法对利用网络实施犯罪的法律认定问题做出了规定。从法律文本形式来看,刑法学界将它定性为一部单行刑法;从实质上来看,它是一部"解释型"单行刑法,或者说,是一个立法解释的法律文件。[2] 该法对侵害互联网运行安全和个人信息权的犯罪行为专门做出了规定。例如,该法第1条规定:"为了保障互联网的运行安全,对有下列行为之一,构成犯罪的,依照刑法有关规定追究刑事责任:(一)侵入国家事务、国防建设、尖端科学技术领域的计算机信息系统;(二)故意制作、传播计算机病毒等破坏性程序,攻击计算机系统及通信网络,致使计算机系统及通信网络遭受损害;(三)违反国家规定,擅自中断计算机网络或者通信服务,造成计算机网络或者通信系统不能正常运行。"第4条规定:"为了保护个人、法人和其他组织的人身、财产等合法权利,对有下列行为之一,构成犯罪的,依照刑法有关规定追究刑事责任:……(二)非法截获、篡改、删除他人电子邮件或者其他数据资料,侵犯公民通信自由和通信秘密……"

(3)司法解释层面。刑事司法解释一般包括两种类型:其一,专门针对网络犯罪规定的司法文件,如2011年发布的《最高人民法院 最高人民检察院关于办理

---

[1]《最高人民法院 最高人民检察院关于办理侵犯公民个人信息刑事案件适用法律若干问题的解释》第4条:"违反国家有关规定,通过购买、收受、交换等方式获取公民个人信息,或者在履行职责、提供服务过程中收集公民个人信息的,属于刑法第二百五十三条之一第三款规定的'以其他方法非法获取公民个人信息'。"

[2] 于志刚,吴尚聪. 我国网络犯罪发展及其立法、司法、理论应对的历史梳理[J]. 政治与法律,2018(1):62.

危害计算机信息系统安全刑事案件应用法律若干问题的解释》、2019 年发布的《最高人民法院 最高人民检察院关于办理非法利用信息网络、帮助信息网络犯罪活动等刑事案件适用法律若干问题的解释》《最高人民法院 最高人民检察院 公安部 司法部关于办理利用信息网络实施黑恶势力犯罪刑事案件若干问题的意见》等；其二，涉及网络犯罪的司法文件，如 2017 年 5 月 8 日《最高人民法院 最高人民检察院关于办理侵犯公民个人信息刑事案件适用法律若干问题的解释》（以下简称《个人信息解释》）。2015 年 11 月 1 日，《刑法修正案（九）》将出售、非法提供公民个人信息罪和非法获取公民个人信息罪整合为侵犯公民个人信息罪，扩大了犯罪主体和侵犯个人信息行为的范围。在司法实践中，侵犯公民个人信息罪的具体定罪量刑标准尚不明确，一些法律适用问题存在争议，亟须通过司法解释予以明确[1]。在这个背景下，2016 年，最高人民法院研究室启动侵犯公民个人信息罪司法解释的起草工作，在广泛征求意见的前提下，于 2017 年 3 月 20 日由最高人民法院审判委员会第 1 712 次会议、2017 年 4 月 26 日由最高人民检察院第十二届检察委员会第 63 次会议通过了该解释。《个人信息解释》共 13 条，主要规定了以下三方面的内容：①公民个人信息的范围；②侵犯公民个人信息罪的定罪量刑标准；③侵犯公民个人信息犯罪所涉及的宽严相济、犯罪竞合、单位犯罪、数量计算等问题。[2] 此外，2019 年发布了《最高人民法院发布 10 起电信网络诈骗犯罪典型案例》和《最高人民法院发布 4 起非法利用信息网络罪、帮助信息网络犯罪活动罪典型案例》，2021 年发布了《最高人民检察院发布 11 起充分发挥检察职能推进网络空间治理典型案例》《人民检察院办理网络犯罪案件规定》。

---

[1] 刘瑞红. 最高法审议并原则通过关于办理侵犯公民个人信息刑事案件适用法律若干问题的解释[EB/OL].(2017-03-21)[2019-011-12]http://mzlfy.chinacourt.gov.cn/article/detail/2017/03/id/2628958.shtml.

[2] 同上。

第三章 保护网络交易中消费者隐私权的必要性

(五)《宪法》及其他法律法规

《宪法》第 38 条至第 40 条分别规定了一般人格权、住宅自由权和通信自由权,虽无"隐私权"字样,但实际上隐含着对隐私权的保护,属于消费者网络隐私权的保护规定。

《中华人民共和国未成年人保护法》第 4 条[1]、第 63 条[2]、第 72 条[3]、第 73 条[4]、第 129 条[5],《中华人民共和国妇女权益保障法》第 42 条[6]、第 56 条[7]等法律条文中对未成年人和妇女的隐私权及个人信息权做出相应的保护规定。《中华人民共和国

---

[1]《中华人民共和国未成年人保护法》第 4 条:"保护未成年人,应当坚持最有利于未成年人的原则。处理涉及未成年人事项,应当符合下列要求:……(三)保护未成年人隐私权和个人信息……"

[2]《中华人民共和国未成年人保护法》第 63 条:"任何组织或者个人不得隐匿、毁弃、非法删除未成年人的信件、日记、电子邮件或者其他网络通讯内容。除下列情形外,任何组织或者个人不得开拆、查阅未成年人的信件、日记、电子邮件或者其他网络通讯内容:(一)无民事行为能力未成年人的父母或者其他监护人代未成年人开拆、查阅;(二)因国家安全或者追查刑事犯罪依法进行检查;(三)紧急情况下为了保护未成年人本人的人身安全。"

[3]《中华人民共和国未成年人保护法》第 72 条:"信息处理者通过网络处理未成年人个人信息的,应当遵循合法、正当和必要的原则。处理不满十四周岁未成年人个人信息的,应当征得未成年人的父母或者其他监护人同意,但法律、行政法规另有规定的除外。未成年人、父母或者其他监护人要求信息处理者更正、删除未成年人个人信息的,信息处理者应当及时采取措施予以更正、删除,但法律、行政法规另有规定的除外。"

[4]《中华人民共和国未成年人保护法》第 73 条:"网络服务提供者发现未成年人通过网络发布私密信息的,应当及时提示,并采取必要的保护措施。"

[5]《中华人民共和国未成年人保护法》第 129 条:"违反本法规定,侵犯未成年人合法权益,造成人身、财产或者其他损害的,依法承担民事责任。违反本法规定,构成违反治安管理行为的,依法给予治安管理处罚;构成犯罪的,依法追究刑事责任。"

[6]《中华人民共和国妇女权益保障法》第 42 条:"妇女的名誉权、荣誉权、隐私权、肖像权等人格权受法律保护。"

[7]《中华人民共和国妇女权益保障法》第 56 条:"违反本法规定,侵害妇女的合法权益,其他法律、法规规定行政处罚的,从其规定;造成财产损失或者其他损害的,依法承担民事责任;构成犯罪的,依法追究刑事责任。"

刑事诉讼法》第 188 条、《最高人民法院关于适用〈中华人民共和国刑事诉讼法〉的解释》第 222 条及《中华人民共和国民事诉讼法》第 134 条等法律规定了对涉及隐私内容的案件不公开审理的原则，这实际上也是对公民隐私权的一种认可。此外，《中华人民共和国国家安全法》《中华人民共和国保守国家秘密法》《中华人民共和国治安管理处罚条例》《中华人民共和国著作权法》《中华人民共和国专利法》等法律法规虽没有专门对网络行为进行规定，但所规范和约束的对象中包括了危害信息安全的行为。

二、网络隐私权保护执法现状

在电子商务中，消费者全程在网络环境中完成合同的要约邀请、要约、承诺等环节的交易过程。消费者很难察觉、收集关于个人信息被不当或者非法使用的责任主体、时间、地点、侵权方式等相关证据。[1] 确定管辖是解决纠纷的第一步，管辖确定后就可以确定具体要适用的准据法。目前，《中华人民共和国民事诉讼法》尚未对网络侵权诉讼管辖做出特别的规定，因此网络交易中发生的纠纷诉讼管辖仍应当采取"原告就被告"和"侵权行为发生地"的原则。不仅是司法领域，行政执法领域也面临着同样的问题。例如，2018 年由国家发展改革委发布的《网络交易价格举报管辖规定》中明确规定，受理、办理网络交易价格举报遵循行为发生地管辖原则，网络交易时，被举报经营者所在地即行为发生地。[2] 可见，当网络交易中的消费者合法权益受到侵犯后进行维权时，往往需要到电子商务平台经营者所在地法院

---

1 周晓金，张科. 消费者网络隐私权浅议[J]. 合作经济与科技，2020（3）：187.
2《网络交易价格举报管辖规定》第 4 条："受理、办理网络交易价格举报遵循行为发生地管辖原则。网络交易进行时，被举报经营者所在地即行为发生地。被举报的网络交易价格行为系电商实施，由电商行为发生地价格主管部门管辖。被举报的网络交易价格行为系平台实施，由平台行为发生地价格主管部门管辖。被举报的网络交易价格行为系平台和电商共同实施，由平台行为发生地价格主管部门管辖。"第 5 条："被举报电商行为发生地难以确认的，由最先接收举报的价格主管部门在收到举报之日起 1 个工作日内，从 12358 价格监管系统向平台发送电子协查文书，通过平台查找。"

第三章 保护网络交易中消费者隐私权的必要性

进行起诉或举报,这无疑给消费者维权加大了难度。不仅如此,网络交易不同于线下交易,网络交易平台提供者会相对稳定,而平台内经营者的稳定性较差,有的平台内经营者交易结束后可能就很难再找到。因此,消费者在网络交易中隐私权被侵犯时可能会因为找不到被告而无法起诉,即使向有关部门举报也得不到救济,如《网络交易价格举报管辖规定》第 8 条规定:"通过平台查找不到被举报电商,最先接收举报的价格主管部门应当根据举报人提供的地址,或者从全国企业信用信息公示系统查询得知的地址,实地调查取证。确实无从查找的,妥善保存调查证据和平台提供的相关材料,根据《价格违法行为举报处理规定》第十条规定不予立案,办结举报并告知举报人。"关于侵害网络隐私权的行为构成刑事犯罪时的管辖问题,《人民检察院办理网络犯罪案件规定》第 5 条规定:"网络犯罪案件的管辖适用刑事诉讼法及其他相关规定。有多个犯罪地的,按照有利于查清犯罪事实、有利于保护被害人合法权益、保证案件公正处理的原则确定管辖。因跨区域犯罪、共同犯罪、关联犯罪等原因存在管辖争议的,由争议的人民检察院协商解决,协商不成的,报请共同的上级人民检察院指定管辖。"

此外,在举证能力方面,消费者与经营者之间存在很大的差距。电子商务平台经营者拥有专业的团队和雄厚的技术力量专门对商业数据进行收集、存储、运行和处理,而消费者没有获取、甄别、收集电子商业数据的能力,很难获取能与电子商务平台经营者相抗衡的电子证据信息,维权成功概率低。[1] 可见,在网络交易中发生纠纷之际,消费者维权面临着重重困难。

另外,对于《民法典》第 1 197 条中的 "知道" 的判断,通常应当遵循以下三个原则。

第一,根据提供技术服务的网络服务提供者的类型不同,判断标准应当有所不同。相比提供其他服务的网络服务提供者,认定提供接入、缓存服务的网络服务提供者"知道"的标准应当更加严格。接入服务连接着网站和网络用户,所有网络信

---

[1] 周晓金,张科. 消费者网络隐私权浅议[J]. 合作经济与科技,2020(3):187.

息包括侵权信息都需要通过接入服务才能得以传输，但这种传输是即时的，信息量十分庞大，该类型网络服务提供者无法一一核实，如果认定标准过于宽泛，可能会使得接入服务提供者承担过重的责任，影响普遍接入服务。

第二，根据保护对象的不同，判断标准也应当有所不同。对于著作权而言，除非侵权信息十分明显，只要网络服务提供者没有对网络用户上传的信息进行人工编排等，一般不应认定构成侵权行为。涉嫌诋毁他人名誉、不当使用他人肖像、违法公布他人个人信息等行为，不经法院审理，有时难以准确判断是否为侵权行为，网络服务提供者不是司法机关，不应当要求其具有专业的法律素养，更不能要求其对用户发布的信息一一核实，通常认为不应属于侵权信息即可免除责任。

第三，提供网络技术服务的网络服务提供者没有普遍审查义务。在审判实践中，应当谨慎认定此类网络服务提供者"知道"网络用户利用其网络服务实施侵权行为。如果判断标准过宽，可能会使网络服务提供者实际上承担了普遍审查的义务。事实上，由于网络具有开放性的特质，网络信息十分庞杂，要求此类网络服务提供者逐一审查，可能大量增加网络服务提供者的运营成本，阻碍网络产业的发展。[1]

可见，对于法官而言，对《民法典》第1 197条中的"知道"做出判断是富有技术性的难题，想要做出准确公正的判断，必须综合各种因素，付出大量时间和精力，而这对于法官而言似乎很难做到。因为这些客观原因，最后做出的裁判就可能不尽公正。

---

[1] 中国法制出版社. 中华人民共和国消费者权益保护法[M]. 北京:中国法制出版社,2009:685-686.

第四章

完善网络交易中消费者隐私权保护的路径

　　网络交易环境的治理应当坚持预防为主、保护优先、分类管理、风险管控、侵权担责、公众参与的原则。预防为主是指尽一切努力预防消费者被侵权的发生；保护优先是指在网络交易环境中将保护消费者权益放在首位，不能以牺牲消费者权益为代价发展网络交易；分类管理是指对于收集到的消费者个人信息进行分类管理，对于需要加密或其他特殊处理的个人信息应当依法进行特殊处理；风险管控是指有关监管部门应当认真履行监管义务，对网络环境中存在的风险进行有效管控；侵权担责是指在网络交易中消费者合法权益受到侵犯时，侵权人应当依法承担责任；公众参与是指除了立法、司法及行政机关，消费者组织、行业组织、媒体及学校等广大民众共同参与构建良好的网络交易环境。

　　我国网络发展的现状和法律、文化传统及习惯决定了我国应当选择以法律规制为主，行业自律和政策引导为辅的网络隐私保护模式。网络隐私安全防护体系应当由网络隐私安全政策、网络隐私安全管理、网络隐私安全技术、网络隐私法律法规组成。其中网络隐私安全政策是中心，网络隐私安全管理是落实的关键，网络隐私安全技术是实现网络安全防范的技术手段和支撑，网络隐私法律法规是后盾。大数据时代，如何在保护个人隐私和权利的前提下，充分利用大数据发展生产力，提高人类福祉，不仅关系到当下每个人的切身利益和安全，也关系到国家的未来和发展。尤其是维护好在整个国民经济中占有非常重要地位的消费者的包括隐私权在内的各项合法权益，鼓励和支持消费者进行消费，以此活跃市场经济，推动整个国民经济的可持续发展。为此,近年来世界各国在制定大数据发展战略的同时,也从促进互联网、信息行业发展和整体竞争力等角度,进一步加强个人信息的保护。

第一节 加强网络交易领域的立法规制

法律是信息网络安全的制度保障。法律这一强制性规范体系,不仅能够约束信息网络安全技术和管理人员的行为,还能够对侵犯或试图侵犯消费者网络隐私权的主体起到震慑作用,从而在消费者网络隐私权保护领域发挥着事前预防和事后救济的作用。在信息技术和网络技术迅速发展的时期,再完善的技术和管理的手段,都无法保证绝对且永久的网络信息安全。即使是具备相当完善的安全机制的网络系统,也不可能绝对地避免非法攻击和网络犯罪行为。信息网络安全法律法规能够指引人们哪些行为可以为,哪些行为不可为,并能够让人们提前了解当实施违法行为时将要承担的法律责任。网络隐私权立法既是一种预防手段,也是消费者实现网络隐私权的强有力的后盾,是信息网络安全的最后一道防线。作者认为,应当从以下五个方面着手完善我国网络隐私权保护相关立法。

一、界定网络隐私的范畴

判断哪些个人数据属于个人隐私,首先需要准确界定其范畴。判断某个个人数据是否属于个人隐私,应当有个标准。作者认为,最核心的标准应该是,本人是否愿意他人知晓,以及该信息是否与他人及社会公共利益相关。即使是本人不愿让他人知晓的个人数据,如果该数据涉及他人及社会公共利益时就不属于隐私范畴,它只是一个普通的数据而已。隐私的具体认定过程并非那么简单,首先,"本人是否愿意"是对一个人的主观心理的判断,我们每个人很多时候连自己都不了解,更何况他人的心理,就更难以准确把握了。例如,A 口头同意 B 公开他的某个人数据,B 经过 A 的同意将该数据公开后,A 又主张自己不愿意公开该数据,认为 B 侵犯了自己的隐私权,在这种情形下,如果 B 没有将 A 的口头同意录音,也无法提出其他相关证据,作为执法人员就很难认定该数据的性质。其次,"是否与他人及社会公共利益相关"这个标准操作起来也有一定的难度,尤其是这里的"社会公共利益",到底涵盖多大范围内的"社会公共利益"?

二、在消费者权利中增设隐私权

消费能够拉动经济增长,在日新月异发展的今天,实体消费已经不再是消费的主流,网络消费越来越刺激着经济的增长。[1]电子商务改变了市场的交易形式,而新的交易形式势必与原有的法律规范发生冲突[2],并对传统社会秩序、法律制度产生巨大的冲击与挑战。我国拥有全球最多的网民,网络交易的群众基础可谓相当雄厚,只要能够保持这种群众基础,我国电商发展势必成为世界领先。网络交易的可持续发展目标的实现绝不能缺失消费者的信赖根基,维护好网络交易中的消费者隐私权等各项合法权益,取得消费者对网络交易的信赖,是实现该目标的关键措施,也是唯一路径。

对于网络隐私权,我国目前没有专门的法律加以规定。我国的个人信息可分为两类,一类是与人的尊严有直接关系的,另一类是与人的尊严没有直接关系的。对于前者,未经允许不能擅自披露,我们通常讲的个人信息保护就是从这方面讲的;另外一些与个人尊严没有直接关联的信息(如个人电话号码、单位、住址等,也称之为狭义的个人信息)不能滥用,即商业滥用和个人骚扰。所以法律规定的重点应在防止滥用上。这样进行分类,是为了以后涉及个人信息安全问题时,权利主体可根据受侵犯内容的不同主张不同的民事权利。对于第一类个人信息可主张人格权,是消极性的权利,受到侵犯,可要求赔礼道歉等;对狭义的个人信息,若被做商用,可主张财产权。[3] 除了个人信息权,网络隐私权还包括其他权利内容。

---

1 李昀宸. 论网络环境下消费者隐私权的保护[J]. 法制与社会,2020(17):14.
2 薛虹. 电子形式的交易及其法律效力[J]. 电子知识产权,2000(12):46.
3 黄倩. 个人信息保护立法为何这么难:访北京邮电学网络法律研究中心主任刘德良[J]. 方圆法治,2011(6):30.

三、明确第三方支付机构与征信机构的权利义务

实践中,很多网络交易平台提供者会委托第三方提供支付业务或者委托专业的征信机构承担信用评价服务。其原因在于,无论是设立专门的第三方支付平台,还是委托第三方承担信用评价服务,效果都会比网络交易平台提供者自己开展以上业务要好。[1] 当第三方支付平台或第三双方信用评价机构参与到网络交易中时,也会对消费者网络隐私权构成一定的威胁。因此,有必要对第三方支付平台或第三方信用评价服务者参与的网络交易法律关系做出特别规定。

关于第三方支付业务,中国人民银行专门制定了《非银行支付机构网络支付业务管理办法》。该办法从客户管理、业务管理、风险管理与客户权益保护等几个方面对第三方支付机构提出了相应的要求,并在第五章中对第三方支付机构的监督管理办法做出了规定。人民银行支付系统可以从管理、业务和技术三个方面开展创新,实现对第三方支付平台的有效监管。依据该办法的规定,当第三方支付机构出现如下情形时,应当承担相应的法律责任:①未按规定建立客户实名制管理、支付账户开立与使用、差错争议和纠纷投诉处理、风险准备金和交易赔付、应急预案等管理制度的;②未按规定建立客户风险评级管理、支付账户功能与限额管理、客户支付指令验证管理、交易和信息安全管理、交易监测系统等风险控制机制的,未按规定对支付业务采取有效风险控制措施的;③未按规定进行风险提示、公开披露相关信息的;④未按规定履行报告义务;⑤不符合支付机构支付业务系统设施有关要求的;⑥不符合国家、金融行业标准和相关信息安全管理要求的,采用数字证书、电子签名不符合《中华人民共和国电子签名法》《金融电子认证规范》等规定的;⑦为非法交易、虚假交易提供支付服务,发现客户疑似或者涉嫌违法违规行为未按规定采取有效措施的;⑧未按规定采取客户支付指令验证措施的;⑨未真实、完整、准确反映网络支付交易信息,篡改或者隐匿交易信息的;⑩未按规定处理客户信息,或

---

1 杨立新. 网络交易平台提供者民法地位之展开[J]. 山东大学学报(哲学社会科学版),2016(1):24.

者未履行客户信息保密义务,造成信息泄露隐患或者导致信息泄露的;⑪妨碍客户自主选择支付服务提供主体或资金收付方式的;⑫公开披露虚假信息的;⑬违规开立支付账户,或擅自经营金融业务活动的;⑭违反反洗钱和反恐怖融资规定的。

关于征信业务,有必要提高征信业务活动的透明度,推动信用信息在信息提供者、征信机构和信息使用者之间依法合规使用,以此保护信息主体的合法权益。2021年1月,中国人民银行发布了《征信业务管理办法(征求意见稿)》,待该部法律正式出台后,将弥补征信领域的立法空缺。

四、确立有利于网络消费者的诉讼管辖制度

电子商务是以互联网为运行平台进行的商务活动,而互联网的无国界特性打破了主权疆界的界限,并动摇了在传统的有形世界、地域主权基础上形成的司法管辖基础。[1] 关于网络消费者侵权纠纷的管辖,按照民事诉讼一般理论,因侵权行为提起的诉讼,由侵权行为地或被告住所地法院管辖。而虚拟的网络空间中地理界限已消失,一场网络交易并没有某个实际的地点,通常用来确定管辖的侵权行为地或被告住所地等物理场所在网络空间中很难确定,将其对应到某一特定的司法管辖区域就更为困难。尤其是当网络交易中的当事人位处不同的国家,而接受或传送双方信息的服务器则位于另一个国家,所发生的纠纷就可能涉及不同国家的主权与居民。此时,如何确定管辖,以维护网络消费者的权益,就成为消费者进行网络交易时一个非常敏感的问题。[2] 关于网络消费者侵权纠纷的管辖,有学者主张,参考网络消费合同中适用消费者住所地专属管辖的原则,即把消费者住所地视为网络侵权行为地,适用消费者住所地法院管辖原则。[3] 这样便于消费者参加诉讼,有利于保障其诉权的实现,同时在涉外案件中便于国内消费者参与诉讼,维护国家的主权。但是该做

---

[1] 庞敏英. 电子商务中的消费者权益保护问题研究[J]. 河北法学, 2005 (7): 149.
[2] 同上.
[3] 齐爱民, 徐亮. 电子商务法原理与实务[M]. 武汉:武汉大学出版社, 2001: 217.

法扩大了涉外管辖权,实践中实施阻力很大,确立管辖权非常困难。[1] 变通适用侵权行为地原则及根据网络空间的特点确定一个指导性的原则,即最密切联系原则,并以侵权行为地、被告住所地、网址等常见的联系因素对该原则进行限制,再根据案件的实际情况确定管辖权的归属,是解决网络侵权案件管辖问题的有效途径。[2]

网络的超地域性可能会对法律适用的具体实践造成很大的障碍。[3] 传统的消费者纠纷案件一般是根据当事人选择的法律来进行判决。在消费合同中未对所适用的法律做出约定时,则根据与交易或当事人有最密切联系国家的法律进行判决。然而,在网络交易纠纷的法律适用中,并不存在各国均接受的有别于传统纠纷解决机制的规定,也缺乏一些获得广泛承认的案例。[4] 网络空间的全球化、虚拟化、非中心化等特点的存在,决定了仅仅依靠单一某个国家不可能完全有效地解决网络交易中的跨国法律问题。我国应努力寻求国际合作,共同确定统一的法律适用原则。目前,已有不少关于法律适用及管辖权的双边条约,由于这些双边条约充分体现了国家的利益,是国家行使主权的结果,因此得到了缔约国在各自适用范围内的广泛适用,并取得了良好的结果。这些成功的范例表明,通过国际合作及签订关于法律方面的国际公约是解决网络交易纠纷的有效方法。[5] 我国《个人信息保护法》第 3 条[6]在适用范围上赋予了必要的域外适用效力,这样就能够更好地维护我国境内自然人的个人信息权益。

---

[1] 庞敏英. 电子商务中的消费者权益保护问题研究[J]. 河北法学,2005(7):153.

[2] 蒋敏. 论网络侵权案件中司法管辖权的确认[J]. 重庆邮电大学学报(社会科学版),2007(2):43.

[3] 李鳕洋. 论网络交易纠纷中的法律适用[J]. 山东青年政治学院学报,2013(4):95.

[4] 王利明. 电子商务法研究[M]. 北京:中国法制出版社,2003:161.

[5] 李鳕洋. 论网络交易纠纷中的法律适用[J]. 山东青年政治学院学报,2013(4):537-546.

[6] 《个人信息保护法》第 3 条:"在中华人民共和国境内处理自然人个人信息的活动,适用本法。在中华人民共和国境外处理中华人民共和国境内自然人个人信息的活动,有下列情形之一的,也适用本法:(一)以向境内自然人提供产品或者服务为目的;(二)分析、评估境内自然人的行为;(三)法律、行政法规规定的其他情形。"

五、确立有利于网络消费者的举证责任分配制度

在线下发生的消费纠纷中,消费者往往因为举证困难、维权成本高等原因放弃维权。在网络交易中,消费者面临着更为艰巨的举证方面的困难。互联网法院[1]的飞速发展使原来传统的互联网纠纷案件中的出庭难、举证难、送达难问题得到相当程度的缓解。涉及消费者网络隐私权侵权方面的案件,普通法院可以借鉴互联网法院的立案、证据交换、审理、送达的网络传达要素在线上进行。[2]

在举证责任问题上,对于消费者而言,网络交易比传统交易的举证压力更大,如果不解决此问题,很多消费者被侵权后迫于举证压力就不会去起诉,而这会让侵权人产生侥幸心理,会持续违法行为,即使偶尔遇到一些权利意识非常强的消费者追究其责任,比起违法所得所承担的责任要小得多,即消费者普遍选择不追究侵权人的侵权责任时,侵权人的违法成本就会很低,他们宁愿偶尔被追究责任,也会选择继续违法。但如果每一次的违法行为消费者都去追究其责任,侵权人的违法成本就会变得很高,商业信誉也会变差,此时,侵权人就会衡量利弊关系,最终放弃违

---

[1] 根据中央统一部署,2017年8月,最高人民法院在杭州设立了全球首家互联网法院,2018年9月,又先后增设北京、广州互联网法院。三家互联网法院自设立以来,审理了一大批具有重大影响的案件,探索了一系列"网上案件网上审理"的审判工作机制。截至2020年8月31日,杭州互联网法院受理案件51 882件,审结48 227件,在线立案申请率98.2%,在线庭审率96.7%,平均庭审时长32分钟。北京互联网法院受理案件73 095件,审结62 887件,在线立案申请率100%,在线庭审率99.8%,平均庭审时长33分钟。广州互联网法院受理案件97 496件,审结83 583件,在线立案申请率99.9%,在线庭审率99.8%,平均庭审时长21分钟。三家互联网法院自设立以来,审理了一大批具有填补空白、示范意义的互联网案件。最高法有关负责人表示,下一步,将调整互联网法院管辖,探索跨地域管辖机制,推动互联网法院受理案件由"大而全"向"专而精"发展。在此基础上,将争取全国人大常委会授权,推动确立三家互联网法院的专门法院地位,根据产业集中度科学确定互联网法院全国布局。(李文杰. 最高法:互联网法院在线庭审平均时长29分钟[EB/OL].(2020-09-24)[2021-02-12].https://baijiahao.baidu.com/s?id=1678674391043949687&wfr=spider&for=pc.)

[2] 周晓金,张科. 消费者网络隐私权浅议[J]. 合作经济与科技,2020(3):187.

法行为。因此，采取有利于消费者的举证责任制度，能够起到鼓励消费者积极维权的作用。

第二节　强化网络隐私权的司法保护工作

随着互联网技术和网络交易的不断发展扩大，如何解决好网络交易纠纷成为我国司法部门的一个重大课题。

随着网络交易的迅速发展，网络交易法律关系越来越复杂化，能够有机会侵害消费者网络隐私权的主体类型也逐渐增多，出现了立法当时无法预见的主体，如网络社交、网络直播等其他网络服务提供者。对于网络社交和网络直播，《网络交易监督管理办法》第7条第4款已对其做出了定性，将为经营者提供网络经营场所、商品浏览、订单生成、在线支付等网络交易平台服务的网络社交、网络直播等网络服务提供者视为网络交易平台经营者，网络社交、网络直播等网络服务提供者在满足一定条件时应当依法履行网络交易平台经营者的责任。为加强网络直播营销管理，维护国家安全和公共利益，保护公民、法人和其他组织的合法权益，促进网络直播营销健康有序发展，2021年4月23日，国家互联网信息办公室、公安部、商务部、文化和旅游部、国家税务总局、国家市场监督管理总局、国家广播电视总局等七部门联合发布了《网络直播营销管理办法（试行）》。依据该法第2条的规定，在中华人民共和国境内，通过互联网站、应用程序、小程序等，以视频直播、音频直播、图文直播或多种直播相结合等形式开展营销的商业活动，适用本办法；直播营销平台是指在网络直播营销中提供直播服务的各类平台，包括互联网直播服务平台、互联网音视频服务平台、电子商务平台等；直播间运营者是指在直播营销平台上注册账号或者通过自建网站等其他网络服务，开设直播间从事网络直播营销活动的个人、法人和其他组织；直播营销人员是指在网络直播营销中直接向社会公众开展营销的个人；直播营销人员服务机构是指为直播营销人员从事网络直播营销活动提供策划、运营、经纪、培训等的专门机构。从事网络直播营销活动，属于《中华人民共和国

第四章 完善网络交易中消费者隐私权保护的路径

电子商务法》规定的"电子商务平台经营者"或"平台内经营者"定义的市场主体，应当依法履行相应的责任和义务。随着网络经济的不断发展，今后还会出现新型主体，如何认定其性质，在侵害消费者网络隐私权时如何追究他们的法律责任等问题，在立法对此做出明确规定之前，往往需要司法机关在裁判具体案件时结合此类网络交易新业态的实际情况具体分析，最终认定侵权主体的性质。既不能将他们等同于网络交易平台经营者，也不能简单地认为其他网络服务提供者不是网络交易平台经营者。目前，社会各方的基本共识是，当其他网络服务提供者为经营者提供了具有类似网络交易平台性质的服务时，即具有网络交易平台经营者属性。

如果说"有法可依"是立法工作的任务，那么"有法必依，执法必严，违法必究"则是司法工作的使命。司法工作是维护法治权威，确保侵害得以救济的最后一道保障。因此，首先应加快司法改革进程，从人事、财力等体制上确保司法超然中立地位，从制度上保证司法判断权不受法外干扰，保证法官在具体隐私权遭受侵害案件中的独立判断地位，特别是在隐私权遭受公权力侵害时更应如此。其次应提升法官专业素养和职业道德品质。法官应该谙悉法律，能够透析法律精神，时刻把握隐私权作为基本人权的特性，在每一个隐私权遭受侵害的案件中，法官均能做到尊重法治精神，依法审判，维护公平正义。[1]

作为司法机关，应当正确理解和适用网络交易法律规则，处理好网络交易侵权纠纷案件，维护网络交易消费者权益及网络交易良好秩序，促进网络交易的健康可持续发展。要在司法实践中，研究新情况、解决新问题、总结好经验，进一步规范网络交易法律关系，依法保护消费者合法权益。

网络隐私保护制度应是动态的，案件规则应立足于具体案例，灵活多变，能够与时俱进，只有这样才能更好地反映人们共同生活习惯的本质。[2] 如果立法跟不上网络发展的步伐，会使很多新型的网络隐私侵权纠纷因无法律依据而得不到有效的解决。立足互联网新时代，审判应当与互联网发展相融合，不断完善涉及互联网案

---

[1] 夏建群. 网络隐私权保护的对策探讨[J]. 广州大学学报(社会科学版)，2017（9）：45.
[2] 江雯雯. 论网络环境下隐私权的法律保护[J]. 职工法律天地，2018（14）：143.

件的审理规则,促进网络空间治理法治化,推进互联网审判体系和审判能力现代化。

第三节 加强信息处理者的义务和责任

基于交易当事人的自由意思产生的交易结果应得到最大限度的尊重,国家和地方政府(或地方自治体)都规定不能对交易结果妄加干涉。然而,处于经济优势地位的企业,在合同自由这个市民法原则的背景下,与消费者缔结合同之际往往会利用自己经济上的优势地位。[1] 网络交易中的经营者利用自身的优势地位不仅可以免费获取参与交易的消费者的个人隐私,还可以进行各种合法或非法处理,可以说被收集到的信息的命运从消费者主动提交给经营者的那一刻起便掌握在了经营者手中。为了有效控制经营者利用自身的优势侵害消费者的合法权益,促进信息的合法流动,有必要对其做出相应的规制。在网络交易中,与消费者网络隐私权保护密切相关的主体主要有网络经营者(包括网络服务提供者和平台内经营者)及行业组织等,加强这些主体的义务和责任,有利于消费者网络隐私权的实现。

一、加强网络经营者的责任

在立法规制方面,我国《民法典》第1 038条、《消费者权益保护法》第29条等条文对个人信息处理者的义务与职责做出了原则性规定。《个人信息保护法》进一步对个人信息处理者的义务与职责做出了具体规定。具体而言,《个人信息保护法》明确了个人信息处理者的合规管理和保障个人信息安全等义务,要求其按照规定制定内部管理制度和操作规程,采取相应的安全技术措施,并指定负责人对其个人信息处理活动进行监督。此外,《个人信息保护法》还对个人信息处理者定期对其个人信息活动进行合规审计、对处理敏感个人信息、向境外提供个人信息等高风险处理活动,事前进行风险评估及履行个人信息泄露通知和补救义务等做出了规定。信息处理者在网络交易中应当严格遵守法律规定,否则应承担相应的法律责任。

---

1 森泉章,池田真朗. 消費者保護の法律問題[M]. 東京:勁草書房,1994:12-15.

第四章 完善网络交易中消费者隐私权保护的路径

具体而言，网络经营者应当履行以下义务。

（一）加强网络安全

网络经营者应当依照法律、行政法规的规定和国家标准的强制性要求，采取技术措施和其他必要措施，保障网络安全、稳定运行，确保其收集的个人信息安全，防止信息泄露、毁损、丢失。依据《网络安全法》第21条的规定，网络运营者应当按照网络安全等级保护制度的要求，履行下列安全保护义务，保障网络免受干扰、破坏或者未经授权的访问，防止网络数据泄露或者被窃取、篡改：①制定内部安全管理制度和操作规程，确定网络安全负责人，落实网络安全保护责任；②采取防范计算机病毒和网络攻击、网络侵入等危害网络安全行为的技术措施；③采取监测、记录网络运行状态、网络安全事件的技术措施，并按照规定留存相关的网络日志不少于六个月；④采取数据分类、重要数据备份和加密等措施；⑤法律、行政法规规定的其他义务。《网络安全法》第40条规定："网络运营者应当对其收集的用户信息严格保密，并建立健全用户信息保护制度。"当经营者未履或未完全履行上述法定义务时，应当承担相应的法律责任。例如，在"周某、某电子商务有限公司网络侵权责任纠纷案"中，一审法院认为，本案为网络购物引发的侵权纠纷。《网络安全法》第40条规定，网络运营者应当对其收集的用户信息严格保密，并建立健全用户信息保护制度。周某在某电子商务有限公司运营的APP上购物，某电子商务有限公司作为网络购物电商平台的运营方，在收集、处理众多消费者个人信息的过程中应履行依法收集、合理使用、安全防护、禁止或限制披露等义务。对于其提供服务所采集的用户信息数据，具有严格保密的法律义务。具体到本案中，周某在该APP上向在线客服申请退货，第二天接到"售后楚楚"的电话并添加了微信，在微信聊天中，"售后楚楚"将周某在该APP上的购物详情（包括快递单号、收货人手机、收货地址、订单创建时间、订单付款时间、订单发货时间、订单完成时间、订单支付方式、订单支付号、用户账号、商品名称、金额）发送给了周某，上述购物信息如此详尽，虽说这些购物信息是基于周某的消费行为所产生的，但周某都无法一一掌握，而"售后楚楚"清楚知晓且将此购物信息发送给周某，足以令周某误以为"售后楚楚"就是该APP的售后服务人员。某电子商务有限公司辩称未泄露周某的信息，且周某未能举证证明某电子商务有限公司存在泄露信息的情形，一审法院认为，从收集证据的资金、技术等成本上看，作为普通消费者的周某根本不具备对抗某电子商务有限公司内部数据信息管理是否存在漏洞等情况进行举证证明的能力。因此，客观上，法律不能也不应要求周某证明必定是某电子商务有限公司泄露了其隐私信息。而应由某电子商务有限公司举证证明其不存在泄露信息的行为。但在本案中，某电子商务有限公司对于"售后楚楚"发送给周某的详细购物信息解释为公司将信息一并打包给供应商、快递公司等第三方，不排除是供应商、快递公司泄露周某的信息，对这一辩解，一审法院认为，首先，某电子商务有限公司未能举证证明涉案信息泄露归因于供应商、快递公司等第三方。其次，将购物信息打包给供应商、快递公司等第三方，在信息传送过程中反而存在泄露信息的可能。某电子商务有限公司作为APP的运营方，一方面因其经营性质掌握了大量的消费者个人信息，另一方面应有相应能力保护好消费者的个人信息免受泄露，这既是其社会责任，也是其应尽的法律义务。本案信息泄露事件的发生，在排除其他泄露隐私信息可能性的前提下，可以认定是由于某电子商务有限公司疏于防范导致的结果，因而可以认定其具有过错，应承担侵权责任。

（二）严格遵守个人信息保护原则

作为信息收集与处理者的网络服务提供商，收集、使用个人信息，应当遵循合法、正当、必要的原则，公开收集、使用规则，明示收集、使用信息的目的、方式和范围，并经被收集者同意。网络运营者不得收集与其提供的服务无关的个人信息。不得违反法律、行政法规的规定和双方的约定收集、使用个人信息，应当对其收集的用户信息严格保密，建立健全用户信息保护制度，应当依照法律、行政法规的规定和与用户的约定，处理其保存的个人信息。网络运营者不得泄露、篡改、毁损其收集的个人信息；未经被收集者同意，不得向他人提供收集的个人信息。但是，经过处理无法识别特定个人且不能复原的除外。

第四章　完善网络交易中消费者隐私权保护的路径

目前，大部分网站都有相关的隐私保护政策，但多数的互联网服务提供商和互联网内容提供商在隐私声明中都广泛采取了删除选择权（opt-out）政策，即数据收集者假定提供者同意他们有权处理资料，除非得到提供者明确的不同意的通知。而用户在接受服务商提供的服务时，有关双方权利义务的规定完完全全是由数据收集者为保障己方利益而制定的格式合同，用户处于极其被动的弱势地位，只要用户选择了"同意"，就等于对个人数据完全失去了控制。[1] 例如，在实践中，很多网络服务提供者无视法律已明文赋予了消费者"拒绝接受商业广告等"网络隐私权的事实，往往事先通过"用户协议"的格式条款，强行取得所谓的"网民授权"，当发生纠纷之后就以"已经就有关事项与消费者达成一致"的理由逃避法律责任。通过取得这一特别授权，网络服务提供者很大程度上摆脱了侵犯个人隐私或个人信息的嫌疑或麻烦，并且可以畅通无阻地使用这些数据或信息，获取巨大利润。这项权利的合理性在于，它是公共网络服务提供者提供免费服务的基础，如果没有这项权利，网络服务提供者不可能提供大量的免费服务。[2] 这就给很多恶性网络经营者提供了钻法律空子的机会。

例如，某 A 网络交易平台的隐私权政策中含有如下内容：

确保网站正常运转、为您获得更轻松的访问体验、向您推荐您可能感兴趣的内容，我们会在您的计算机或移动设备上存储 Cookie、Flash Cookie，或浏览器（或关联应用程序）提供的其他通常包含标识符、站点名称及一些号码和字符的本地存储（统称"Cookie"）。借助于 Cookie，网站能够存储您的偏好或购物车内的商品等数据。

如果您的浏览器或浏览器附加服务允许，您可修改对 Cookie 的接受程度或拒绝我们的 Cookie。有关详情，请参见 AboutCookies.org。但如果您执行本条所述

---

[1] 兰卓. 网络空间个人信息的保护问题研究——兼论电子商务营销过程中消费者的隐私权保护[J]. 行政与法（吉林省行政学院学报），2006（3）：122.

[2] 彭玉勇. 论网络服务提供者的权利和义务[J]. 暨南学报（哲学社会科学版），2014（12）：73.

操作，在某些情况下可能会影响您安全访问我们的网站，且可能需要在您每一次访问我们的网站时更改用户设置。

ETag（实体标签）是在互联网浏览器与互联网服务器之间背后传送的 HTTP 协议标头，可代替 Cookie。ETag 可以帮助我们避免不必要的服务器负载，提高服务效率，节省资源、能源，同时，我们可能通过 ETag 来记录您的身份，以便我们可以更深入地了解和改善我们的产品或服务。大多数浏览器均为用户提供了清除浏览器缓存数据的功能，您可以在浏览器设置功能中进行相应的数据清除操作。但请注意，如果停用 ETag，您可能无法享受相对更佳的产品或服务体验。

从上述内容可知，这种"用户协议"的合法性与公平性是值得商榷的，它的很多内容其实并没有给用户选择的权利，如"用户协议"及隐私政策中随处可见"如果停用 ETag，您可能无法享受相对更佳的产品或服务体验"这类变相强制消费者接受格式条款的内容。这样的"用户协议"很难说是真正意义上的经营者与消费者之间的"协议"，更多的是以"协议"为幌子，本质上是赤裸裸地侵犯消费者法定权利的一种违法行为。

实践中，很多网络交易平台的隐私权政策中也含有与某 A 网络交易平台相似的内容。

某 B 网络交易平台的隐私权政策中含有如下内容：

我们不会将 Cookies 用于本隐私政策所述目的之外的任何用途。您可根据自己的偏好管理或删除 Cookies。您可以清除计算机上保存的所有 Cookies，大部分网络浏览器会自动接受 Cookies，但您通常可根据自己的需要来修改浏览器的设置以拒绝 Cookies；另外，您也可以清除软件内保存的所有 Cookies。但如果您这么做，您可能需要在每一次访问我们的网站时亲自更改用户设置，而且您之前所记录的相应信息也均会被删除，并且可能会对您所使用服务的安全性有一定影响。

某 C 网络交易平台的隐私权政策中含有如下内容：

您可根据自己的偏好管理或删除 Cookie。您可以清除计算机上保存的所有 Cookie，大部分网络浏览器都设有阻止 Cookie 的功能。但如果您这么做，则需要在

第四章 完善网络交易中消费者隐私权保护的路径

每一次访问我们的网站时更改用户设置,也可能导致部分功能无法正常使用。如需了解如何更改浏览器设置,请访问您使用的浏览器的相关设置页面。

某 D 网络交易平台的隐私权政策中含有如下内容:

您有权选择接受或拒绝接受 cookies。您可以通过修改浏览器设置的方式拒绝接受 cookies。但如果您选择拒绝接受 cookies,则您可能无法登录或使用依赖于 cookies 的本应用网络服务或功能。

某 E 网络交易平台的隐私权政策中含有如下内容:

请您理解,我们的某些服务只能通过使用 Cookie 才可得到实现。如您的浏览器或浏览器附加服务允许,您可以修改对 Cookie 的接受程度或者拒绝我们的 Cookie。多数浏览器工具中的"帮助"部分会告诉您怎样防止您的浏览器接受新的 Cookie,怎样让您的浏览器在您收到一条新 Cookie 时通知您或者怎样彻底关闭 Cookie。此外,您可以通过改变浏览器附加程序的设置,或通过访问提供商的网页,来关闭或删除浏览器附加程序使用的类似数据。但这一举动在某些情况下可能会影响您安全访问我们的网站和使用我们提供的服务。

在"某 APP 泄露消费者个人隐私被处罚"案中,2018 年 8 月,上海市嘉定区市场监督管理局根据消费者投诉举报信息,对某 APP 涉嫌侵犯消费者个人隐私权进行了调查。经查,某 APP 软件存在以下情形:①在消费者注册的时候跳出对话框,让注册人确认"需要使用通讯录权限,您是否允许?具体内容包括:读取联系人等权限"。注册人确认允许后,可以在 APP"你可能感兴趣的人"栏目内找到本人手机通讯录内已在该 APP 注册过的联系人,并可进一步点击关注这部分联系人,关注后可以看到这部分人关注的人、粉丝、笔记及标签。②在隐私设置项目中存在"允许通过手机通讯录加我为好友",选项后面有确认条,可以让用户开启或关闭,但是默认设置为开启。嘉定区市场监督管理局认为,某信息科技有限公司经营的 APP 软件隐私设置成默认允许其他人加为好友,并浏览到好友的相关包括部分个人隐私的信息,致使消费者关注的笔记及兴趣爱好被陌生人了解,属于未充分履行采取技术手段或必要措施义务,未完全尽到防止消费者个人信息泄露义务。某信息科技有限公司的上述行为，违反了《消费者权益保护法》第29条第2款的规定："经营者及其工作人员对收集的消费者个人信息必须严格保密，不得泄露、出售或者非法向他人提供。经营者应当采取技术措施和其他必要措施，确保信息安全，防止消费者个人信息泄露、丢失。在发生或者可能发生信息泄露、丢失的情况时，应当立即采取补救措施。"责令当事人改正上述违法行为，并做如下处罚：罚款人民币5万元整。

目前很多网络交易平台都存在类似问题。有关部门应当以网络隐私权保护立法的精神为依据，全面审核和命令修改那些违法和不公平的"网民协议"和违法的网络交易平台APP隐私设置，维护消费者的网络隐私权。

（三）采取有效监管措施

网络经营者对于其他可能危害消费者网络隐私权的主体应当本着预防为主、防治结合的原则进行有效监管。网络服务提供者作为第三方的交易平台，是网络交易的组织者，有着不可推卸的监督管理责任。首先，网络服务提供者应当对进入网络市场的经营者进行规范的身份认证。网络服务提供者在与用户签订协议或者确认提供服务时，应当要求用户提供真实身份信息。用户不提供真实身份信息的，不得为其提供相关服务。网络服务提供者应严格审查商家资质，不能为了平台自身的利益而放低了市场准入的门槛，导致部分不符合经营者资格的主体混入市场，增加消费者利益受损的风险。此外，网络服务提供者还应当加强对其用户发布的信息的管理，发现法律、行政法规禁止发布或者传输的信息的，应当立即停止传输该信息，采取消除等处置措施，防止信息扩散，保存有关记录，并向有关主管部门报告。

（四）有效应对网络安全事故

网络服务提供者应当制定网络安全事件应急预案，及时处置系统漏洞、计算机病毒、网络攻击、网络侵入等安全风险。在发生危害网络安全的事件时，应当立即启动应急预案，采取相应的补救措施，并按照规定向有关主管部门报告。

（五）不断完善纠纷解决机制

网络服务提供者应当建立网络信息安全投诉、举报制度，公布投诉、举报方式

第四章 完善网络交易中消费者隐私权保护的路径

等信息,及时受理并处理有关网络信息安全的投诉和举报。在网络交易过程中,消费者和经营者之间产生隐私权纠纷时,第三方平台作为中立方,应当及时处理消费者提出的投诉并提供合理的解决方案。[1] 网络服务提供者对网信部门和有关部门依法实施的监督检查,应当予以配合。当发生违法犯罪行为时,网络服务提供者应当为公安机关、国家安全机关依法维护国家安全和侦查犯罪的活动提供技术支持和协助。

(六)遵守平台内部治理行为规范

网络服务提供者应当遵守的平台内部治理行为规范主要包括以下几点:①应当遵循公开、公平、公正原则,制定平台服务协议、隐私权政策及交易规则。这些文件既是规范网络经营者行为的依据,也是监督部门对其进行监督时的重要评价依据,还可以在发生纠纷时成为法官做出裁判时的重要依据。例如,在"某软件有限公司A与某信息科技有限公司B不正当竞争纠纷案"中,法院判决书中写道:本案中,A已在网络上公示了隐私权政策。其隐私权政策明确宣示了收集、使用用户信息的目的、方式、范围。经审查,涉案数据产品中可能涉及的用户信息种类均在A隐私权政策已宣示的信息收集、使用范围之内,未发现A有违反其所宣示隐私权政策的用户信息收集、使用行为。A收集、使用网络用户信息,开发涉案数据产品的行为符合网络用户信息安全保护的要求,具有正当性。②应当建立健全信用评价制度,公示信用评价规则,为消费者提供公开评价途径。③应当以多种方式向消费者显示商品或者服务的搜索结果。④应当对申请进入平台的经营者的真实身份信息进行核验、登记、建档。⑤应当建立对平台内商品和服务信息的检查监控机制,依法处置、报告平台内违法信息等。

(七)加强对员工的教育

信息时代,个人数据扩散的最大威胁来自对以往技术的滥用和网络道德的败坏。[2]

---

1 程恺,叶敏.网络购物消费者维权机制探讨[J].中国商论,2017(23):22.
2 孙铁成.计算机时代的隐私权[J].法学,1997(11):26.

技术是由人来操纵、受人指挥的。技术的"失效"人类尚可防范，但人性的扭曲、价值观念的错乱带来的潜在危害却是难以预估的。因此，储存有大量个人私密信息的互联网企业应重视员工职业素质的培养。[1] 网络运营者有义务和责任对员工进行定期的信息安全教育，带领员工共同遵守职业道德，坚决杜绝内部员工泄露消费者隐私的现象。从网络运营者层面来讲，要加强和提升自身和员工的道德文化素养，不断提高道德教育水平，应充分尊重网络消费者的权利，整治道德败坏的不良风气。[2]

二、加强网络行业组织的责任

应当鼓励经营者自律，依照法律和行业习惯制定个人资料使用政策和隐私权保护政策。[3] 网络行业组织应当按照章程，加强行业自律，制定网络安全行为规范，指导会员加强网络安全保护，提高网络安全保护水平，促进行业健康发展。同时，还应当建立健全本行业的网络安全保护规范和协作机制，加强对网络安全风险的分析评估，定期向会员进行风险警示，支持、协助会员应对网络安全风险。

当今世界对隐私权的保护模式主要有行业自律和立法规制。[4] 在行业自律模式中，行业组织会对自愿参加行业自律组织的企业的资格进行审核认证，但这种认证不具有强制执行的效力。行业自律规范通常也无法成为司法裁判的依据。很多经营者的消费者权益意识并不高，有很多小企业为了降低经营成本不愿参与行业自律，因此自愿参加行业自律组织的信息利用企业数量有限，导致行业自律模式的普遍性较弱。自愿参加行业自律组织的企业有一些是出于提高企业的信誉度和名声，为自己创造更多社会财富的目的，而不是真正出于维护消费者隐私信息的目的。这些企业面对本来就欠缺强制性的行业自律规范，能不遵守就不会遵守，对于必须遵守的

---

1 刁生富，赵亚萍. 网络环境下精准定向广告推送与隐私权保护[J]. 淮阴师范学院学报（哲学社会科学版），2018（5）：527.
2 卢萌萌. 浅析网络消费者隐私权保护缺失及对策——以淘宝网为例[J]. 中国商论，2015（7）：153.
3 胥白，朱勇. 论电子商务与消费者隐私权保护[J]. 山东社会科学，2005（10）：111.
4 秦天宁. 从美国安全港提议透析我国的网络隐私权保护模式[J]. 法制与社会，2007（9）：196.

第四章 完善网络交易中消费者隐私权保护的路径

规范,也会极力降低成本去遵守,主要表现为在网络隐私安全技术的更新方面不会投入很多成本,这就导致了在行业自律模式下,消费者网络隐私权保护并不会取得很好的效果。行业自律的实质是信息利用者的内部自我管理,最高处罚就是取消资格认证,缺乏对信息主体的赔偿与救济。对信息主体而言,这种模式无法替代立法模式下的司法救济机制。[1] 可见,行业自律与立法模式相较而言,弊端很明显。美国的行业自律模式所采取的主要手段有建设性的行业指引、网络隐私认证计划、技术保护模式及安全港模式。其中安全港模式是一种将行业自律与立法规制相结合的新模式。安全港是指某一特定的在线服务商产业公布的网络隐私保护的行为指引,该指引由联邦贸易委员会审查通过后即成为安全港,有关的网络服务商只要遵守该指引就认为是遵守了有关要求,可以免除责任。安全港模式可以实现双重监督,即行业的规范与法律的监督。一方面,行业自律可以作为一种最初的、产业层面的申诉场所,实现网络隐私权的基础保护;另一方面,法律是消费者隐私权保护的最终手段,使消费者的隐私权保护更有保障。[2] 该模式将立法与行业自律结合起来,可以弥补立法的不足,也可以克服行业自律无强制力的缺陷[3],是一种很有前途的保护模式。[4-5]

我国互联网行业自律制度的建立可以追溯到2003年,在此制度发布后,我国一些知名网站积极响应国家号召,联合建立了诚信自律公约,这不仅有效提升了消费者对网站的信任度,而且对推动行业自律规则的发展也有重要意义。行业自律水平的提升,还能使参与到其中的互联网行业自主地解决消费者遇到的隐私权问题,深化组织中经营者对隐私权等法律知识的认知,从而为消费者的隐私权提供更全面的

---

[1] 项定宜. 比较与启示:欧盟和美国个人信息商业利用规范模式研究[J]. 重庆邮电大学学报(社会科学版),2019,31(4):47.

[2] 朱理. 网络隐私权的保障与冲突[J]. 网络法律评论,2001,1(0):241.

[3] 同上.

[4] 郭懿美. 电子商务法律与实务[M]. 北京:科学出版社,2004:372-376.

[5] 方金华,陈炼星. 网络隐私权法律保护研究——以国外网络隐私权的法律保护为例[J]. 华南农业大学学报(社会科学版),2018(1):125.

保护。[1] 法律在隐私权的保护中固然能起到立竿见影的效果，但过度严格的法律规定有可能会影响信息产业界的创新精神。因此，对隐私权的保护应给技术发展留下一定的余地，倡导业界担起一部分隐私权保护的责任，将法律规范与业界自律有机地结合起来。[2]

目前，我国一些互联网行业的自律保护，在自律组织的倡导下由网络运营商、服务提供商等自发签订，主要有《中国互联网行业自律公约》（2004年）、《互联网终端软件服务行业自律公约》（2011年）、《中国互联网协会关于抵制非法网络公关行为的自律公约》（2011年）、《互联网搜索引擎服务自律公约》（2012年）、《互联网终端安全服务自律公约》（2013年）、《中国互联网金融协会会员自律公约》（2016年）、《电信和互联网行业网络数据安全自律公约》（2020年）等。

第四节　相关行政机关职能分工的明确化及各行政机关相互协作的强化

网络交易中信息处理主体收集和处理消费者个人信息的技术性过程往往非常隐蔽，因此，法律在保障公民知情权和对信息的支配权方面，会显得力不从心。单纯依靠网民举报和通过网站协助取证的方式，很难达到法律预期效果。因此，在寄希望于网站本身守法经营的同时，还要强调相关部门的积极作为，为公民信息筑起坚实的防火墙。

一、为网络隐私权的实现提供法律依据

《网络安全法》第4条规定："国家制定并不断完善网络安全战略，明确保障网络安全的基本要求和主要目标，提出重点领域的网络安全政策、工作任务和措施。"消费者网络隐私权保护涉及各个领域和多个部门的职责。《个人信息保护法》根据个人信息保护工作实际，明确了国家网信部门负责个人信息保护工作的统筹协调，发挥其统筹协调作用。同时规定，国家网信部门和国务院有关部门在各自职责范围

---

[1] 张璐. 论网络交易中消费者隐私权及法律保护[J]. 法制与经济，2019（1）：88.
[2] 阮新新. 论网络时代消费者隐私权的保护[J]. 经济问题探索，2005（6）：106.

第四章 完善网络交易中消费者隐私权保护的路径

内负责个人信息保护和监督管理工作。

依据《网络安全法》第 15 条的规定，国务院标准化行政主管部门和国务院其他有关部门根据各自的职责，组织制定并适时修订有关网络安全管理以及网络产品、服务和运行安全的国家标准、行业标准。网络安全标准化是网络安全保障体系建设的重要组成部分，在构建安全的网络空间、推动网络治理体系变革方面发挥着基础性、规范性、引领性作用。随着《网络安全法》《中华人民共和国密码法》的正式实施，相关网络安全国家标准、行业标准也陆续发布，得到了各行业的高度关注。据统计，2020 年全国信息安全标准化技术委员会（TC260）共发布 53 项网络安全国家标准，金融、通信、公安、密码等行业也发布了数十项网络安全行业标准。2021 年第一季度，保护个人信息安全和优化用网环境受到重视，国家各部门密集出台近 20 条网络安全政策及国家标准。《关于加强国家网络安全标准化工作的若干意见》第 1 条和第 2 条对网络安全标准化工作中的各相关部门的职能分工做出了明确的规定："网络安全标准化工作要坚持统一谋划、统一部署，紧贴实际需求，守住安全底线。全国信息安全标准化技术委员会在国家标准委的领导下，在中央网信办的统筹协调和有关网络安全主管部门的支持下，对网络安全国家标准进行统一技术归口，统一组织申报、送审和报批。其他涉及网络安全内容的国家标准，应征求中央网信办和有关网络安全主管部门的意见，确保相关国家标准与网络安全标准体系的协调一致。""探索建立网络安全行业标准联络员机制和会商机制，确保行业标准与国家标准的协调和衔接配套，避免行业标准间的交叉矛盾。"国家标准主要分为三级，在国家关键信息基础设施保护、涉密网络等领域制定强制性国家标准，在基础通用领域制定推荐性国家标准，在行业特殊需求的领域制定推荐性行业标准。虽然很多国家标准性质上是推荐性标准，但其是在与国家相关法律法规的配套衔接，兼顾我国在世界贸易组织（WTO）等国际组织中承诺的国际义务的基础上制定的标准。国家正在加大标准的实施力度，如同环境法领域环境质量国家标准和污染物排放国家标准是强制性标准一样，不久后这些推荐性国家标准也会转化为强制性国家标准。

二、支持网络安全技术的研究和开发

网络安全和网络信息安全是维护好消费者网络隐私权的关键因素。《全国人民代表大会常务委员会关于维护互联网安全的决定》第 7 条规定："各级人民政府及有关部门要采取积极措施,在促进互联网的应用和网络技术的普及过程中,重视和支持对网络安全技术的研究和开发,增强网络的安全防护能力。"《网络安全法》第 3 条规定："国家坚持网络安全与信息化发展并重,遵循积极利用、科学发展、依法管理、确保安全的方针,推进网络基础设施建设和互联互通,鼓励网络技术创新和应用,支持培养网络安全人才,建立健全网络安全保障体系,提高网络安全保护能力。"第 16 条规定："国务院和省、自治区、直辖市人民政府应当统筹规划,加大投入,扶持重点网络安全技术产业和项目,支持网络安全技术的研究开发和应用,推广安全可信的网络产品和服务,保护网络技术知识产权,支持企业、研究机构和高等学校等参与国家网络安全技术创新项目。"第 18 条规定："国家鼓励开发网络数据安全保护和利用技术,促进公共数据资源开放,推动技术创新和经济社会发展。国家支持创新网络安全管理方式,运用网络新技术,提升网络安全保护水平。"目前,我国发布了一些技术指引性法律法规,为网络服务提供者的网络安全技术改进提供了很多建议。例如,全国信息安全标准化技术委员会秘书处发布了《网络安全实践指南—应对截获短信验证码实施网络身份假冒攻击的技术指引》(2018 年),该指引针对利用截获短信验证码实施网络身份假冒攻击的问题,为移动应用和网站服务提供商提出了加强身份验证安全性的建议,包括采用短信上行验证、语音通话传输验证码、常用设备绑定、生物特征识别、动态选择身份验证方式五种具体措施。

《关于加强国家网络安全标准化工作的若干意见》第 3 条规定："促进产业应用与标准化的紧密互动。加强网络安全领域技术研发、产业发展、产业政策等与标准化的紧密衔接与有益互动。建立重大工程、重大科技项目标准信息共享机制,推动国家网络安全相关重大工程或科研项目成果转化为国家标准,并在项目考核指标和专业技术资格评审中明确标准要求,充分发挥标准对产业的引领和拉动作用。"

第四章 完善网络交易中消费者隐私权保护的路径

技术立法化或标准化实际上是对相关技术的肯定,能够起到继续鼓励技术研究和开发的作用。

除了支持技术的开发和利用,还应当重视相关人才的培养。《网络安全法》第20条规定:"国家支持企业和高等学校、职业学校等教育培训机构开展网络安全相关教育与培训,采取多种方式培养网络安全人才,促进网络安全人才交流。"《关于加强国家网络安全标准化工作的若干意见》第16条和第17条规定:"积极开展教育培训。选择有条件、有意向的重点院校,设立网络安全标准化相关课程,培养标准化专业人才队伍。鼓励校企合作,支持在校学生到企业实习和企业人员到学校接受标准化培训。鼓励有条件的企业开展标准化知识培训。""引进和培育高端人才。加大网络安全标准化引智力度,鼓励有条件的地方政府、重点企业引进一批高端国际标准化人才。建立网络安全标准化专家库。对参与网络安全国家标准制定的专业技术人才在提高待遇、晋升职务职称等方面予以倾斜。"这些规定都是在强调相关人才培养在网络与数据安全方面的重要性。

三、提高消费者的网络安全意识

《网络安全法》第19条规定:"各级人民政府及其有关部门应当组织开展经常性的网络安全宣传教育,并指导、督促有关单位做好网络安全宣传教育工作。大众传播媒介应当有针对性地面向社会进行网络安全宣传教育。"《全国人民代表大会常务委员会关于维护互联网安全的决定》第7条规定:"有关主管部门要加强对互联网的运行安全和信息安全的宣传教育,依法实施有效的监督管理,防范和制止利用互联网进行的各种违法活动,为互联网的健康发展创造良好的社会环境。"作为弥补市场缺陷的关键手段,政府权力与强制力在商业活动中普遍具有较强调控能力。无论是在国家层面还是在地方层面,其均具有首要的、强大的权威,对于经济活动能够产生很大的推动力,这种力量引导着全民的政治意识和法律思维。对于消费者隐私权的保护问题,政府的明朗态度会很好地推动消费者维护隐私权活动的进行。[1]

---

[1] 卢萌萌. 浅析网络消费者隐私权保护缺失及对策——以淘宝网为例[J]. 中国商论,2015(7):153.

此外，各级政府及其有关部门具备能够很好地开展网络安全教育的客观条件，通过利用好自身的优势，推动网络安全教育的顺利开展，加强消费者的网络安全意识，杜绝消费者因缺乏自我保护意识而使权利受到侵犯的现象，减少网络隐私权纠纷的发生。

四、加强网络交易监管执法

网络交易中消费者隐私权受到侵害与网络交易监管力度不足是有着密切联系的。为了维护网络市场良好秩序，维护各方主体合法权益，推动网络经济快速发展，应当尽快建立权责分明、合力协助的监管体系。消费者网络隐私权的保护涉及网络交易的若干环节和阶段，并且呈现出时间的不确定持续性，因此要建立起政府、行业、协会通力合作、权责明确的监管体系。[1] 明确各级行政部门对于网络交易活动的监管职责，促进工商、税务、公安与金融机构之间形成稳定的监管格局，发挥各自的职能作用，实现监管体系效率的最大化。《网络安全法》第50条规定："国家网信部门和有关部门依法履行网络信息安全监督管理职责，发现法律、行政法规禁止发布或者传输的信息的，应当要求网络运营者停止传输，采取消除等处置措施，保存有关记录；对来源于中华人民共和国境外的上述信息，应当通知有关机构采取技术措施和其他必要措施阻断传播。"《交通运输部办公厅、中央网信办秘书局、工业和信息化部办公厅、公安部办公厅、中国人民银行办公厅、国家税务总局办公厅、国家市场监督管理总局办公厅关于加强网络预约出租汽车行业事中事后联合监管有关工作的通知》第1条和第2条规定："一、完善联合监管工作机制。各级交通运输、网信、通信、公安、人民银行、税务、工商和市场监管等部门要建立健全联合监管工作机制，充分发挥各自职能，密切协调配合，强化信息数据共享，加强对网约车平台公司有关经营行为的监管。""二、明确联合监管工作事项。各级交通运输、网信、通信、公安、人民银行、税务、工商和市场监管等部门要依据相关法律法规和各自职责，对未取得网约车经营许可从事网约车经营、线上线下车辆或

---

[1] 周晓金，张科. 消费者网络隐私权浅议[J]. 合作经济与科技，2020（3）：187.

第四章 完善网络交易中消费者隐私权保护的路径

人员不一致、信息泄露、不依法纳税、不正当竞争、非法经营资金支付结算等方面违法违规行为进行联合监管。"《网络直播营销管理办法(试行)》第4条规定:"国家网信部门和国务院公安、商务、文化和旅游、税务、市场监督管理、广播电视等有关主管部门建立健全线索移交、信息共享、会商研判、教育培训等工作机制,依据各自职责做好网络直播营销相关监督管理工作。县级以上地方人民政府有关主管部门依据各自职责做好本行政区域内网络直播营销相关监督管理工作。"这些规定都在说明,目前我国在网络安全领域实行的是多部门共同监管的模式,其中国家网信部门应当统筹协调有关部门的监督工作。2016年《国务院办公厅关于同意建立网络市场监管部际联席会议制度的函》的附件中进一步规定:"为进一步加强网络市场监管,加强部门间协调配合,促进网络市场持续健康发展,经国务院同意,建立网络市场监管部际联席会议(以下简称联席会议)制度。"联席会议是指由某个团体或组织自愿发起、自由参与的会议。联席会议的主要职能有:①贯彻落实党中央、国务院关于网络市场监管的决策部署,研究提出有关工作思路及促进网络市场健康有序发展的政策建议;②加强网络市场监管法治建设;③加强对网络市场监管的协同、指导和监督;④协调解决网络市场监管中的重大问题;⑤完成党中央、国务院交办的其他事项等。联席会议的成员由市场监管总局、中央宣传部、工业和信息化部、公安部、商务部、文化和旅游部、人民银行、海关总署、税务总局、网信办、林草局、邮政局、药监局、知识产权局等14个单位组成,市场监管总局为牵头单位。联席会议的召集及成员管理规定如下:联席会议由市场监管总局主要负责同志担任召集人,各成员单位有关负责同志为联席会议成员。联席会议可根据工作需要调整成员单位。联席会议成员因工作变动等原因需要调整的,由所在单位提出,联席会议确定。联席会议办公室设在市场监管总局,承担联席会议日常工作。办公室主任由市场监管总局有关司局负责同志兼任。联席会议设联络员,由各成员单位有关司局负责同志担任。在2020年《国务院办公厅关于同意调整完善网络市场监管部际联席会议制度的函》中,国务院同意调整完善网络市场监管部际联席会议制度。由此可见,目前我国在网络市场领域仍要坚持各部门协同监管模式,其中市场监管总局为牵头单位，上述14个联席会议的成员单位协力做好我国网络交易监管工作。

监管体系的建立也需要充分利用信息技术。[1] 有关部门在履行监管职责时应当充分结合高科技手段，使监管工作能够有效进行，及时发现和排除网络环境中威胁网络安全的因素，为网络交易的发展扫除各种障碍。可以充分利用现代网络技术，在消费者网络隐私权侵权信息查处、惩治、救济等方面实现资源共享和案例推送机制，使消费者网络隐私权保护程度成为评价电子商务平台经营者经营行为的重要指标。[2] 还可以从市场准入制度入手，推动网络交易实名制的进一步深化，从根源上实现网络交易环境的有效监管。[3]

有关部门的监管工作还应当注重统筹性和效率性。依据《网络安全法》第51条规定，国家网信部门应当统筹协调有关部门加强网络安全信息收集、分析和通报工作，按照规定统一发布网络安全监测预警信息。为了能够使监管有效，应当使监督范围覆盖一切有可能侵犯消费者网络隐私权的因素，至少要让境内的所有网络运营者全部被纳入有关部门的监督范畴之中，不给不法分子留有监外之地，并且，一旦发现危害网络和数据安全的因素或者接到消费者等主体的举报后，应当尽快予以查办，不得拖延。

作者认为，与消费者利益有着最密切联系的消费者保护组织也可以发挥有力的监督职能，相关部门可以联合分布在各地的消费者组织、社会团体、学校、媒体等主体共同完成监管职能。尤其是要充分发挥消费者组织这一最忠诚于消费者的主体的作用。

五、建立健全网络安全风险评估和应急工作机制

依据《网络安全法》第53条至第56条的规定，国家网信部门协调有关部门建立健全网络安全风险评估和应急工作机制，制定网络安全事件应急预案，并定期组

---

[1] 程恺，叶敏. 网络购物消费者维权机制探讨[J]. 中国商论，2017（23）：22.
[2] 周晓金，张科. 消费者网络隐私权浅议[J]. 合作经济与科技，2020（3）：187.
[3] 程恺，叶敏. 网络购物消费者维权机制探讨[J]. 中国商论，2017（23）：22.

织演练。负责关键信息基础设施安全保护工作的部门应当制定本行业、本领域的网络安全事件应急预案，并定期组织演练。网络安全事件应急预案应当按照事件发生后的危害程度、影响范围等因素对网络安全事件进行分级，并规定相应的应急处置措施。网络安全事件发生的风险增大时，省级以上人民政府有关部门应当按照规定的权限和程序，并根据网络安全风险的特点和可能造成的危害，采取下列措施：①要求有关部门、机构和人员及时收集、报告有关信息，加强对网络安全风险的监测；②组织有关部门、机构和专业人员，对网络安全风险信息进行分析评估，预测事件发生的可能性、影响范围和危害程度；③向社会发布网络安全风险预警，发布避免、减轻危害的措施。发生网络安全事件，应当立即启动网络安全事件应急预案，对网络安全事件进行调查和评估，要求网络运营者采取技术措施和其他必要措施，消除安全隐患，防止危害扩大，并及时向社会发布与公众有关的警示信息。省级以上人民政府有关部门在履行网络安全监督管理职责中，发现网络存在较大安全风险或者发生安全事件的，可以按照规定的权限和程序对该网络的运营者的法定代表人或者主要负责人进行约谈。网络运营者应当按照要求采取措施，进行整改，消除隐患。

六、有效打击网络犯罪活动

关于打击网络犯罪活动，《网络安全法》第5条规定："国家采取措施，监测、防御、处置来源于中华人民共和国境内外的网络安全风险和威胁，保护关键信息基础设施免受攻击、侵入、干扰和破坏，依法惩治网络违法犯罪活动，维护网络空间安全和秩序。"第7条规定："国家积极开展网络空间治理、网络技术研发和标准制定、打击网络违法犯罪等方面的国际交流与合作，推动构建和平、安全、开放、合作的网络空间，建立多边、民主、透明的网络治理体系。"《全国人民代表大会常务委员会关于维护互联网安全的决定》第7条规定："人民法院、人民检察院、公安机关、国家安全机关要各司其职，密切配合，依法严厉打击利用互联网实施的各种犯罪活动。"此外，《网络安全法》第14条还规定："任何个人和组织有权对危害网络安全的行为向网信、电信、公安等部门举报。收到举报的部门应当及时依法做出处理；不属于本部门职责的，应当及时移送有权处理的部门。"

第五节 加强网络隐私权保护技术

网络信息技术已成为新一轮科技革命和产业变革的关键力量，逐渐渗透到政治、经济、文化、社会、国防等领域，网络安全也随之上升到国家安全的高度，成为深化改革、推动网络强国建设的重要保障。党的十八大以来，成立中央网络安全和信息化领导小组，明确了"安全是发展的前提，发展是安全的保障"这一安全和发展的重大关系，提出了树立整体的、动态的、开放的、相对的、共同的网络安全观，做出了"没有网络安全就没有国家安全"的重大判断等一系列新思想、新论断、新要求。[1] 党的十九届五中全会围绕开启全面建设社会主义现代化国家新征程，明确提出了"十四五"时期我国发展的指导方针、主要目标、重点任务、重大举措。特别是把握信息革命的"时"与"势"，对网络强国建设做出一系列新部署新要求，强调要坚定不移建设网络强国、数字中国，加快数字化发展。[2]

在网络交易中，除了网络经营者会对消费者的权益造成损失，网络系统的不安全也会对消费者网络隐私权造成一定程度的威胁。引起网络安全问题的因素具有多样性、系统性，既有硬件方面的原因，也有软件方面的原因。

第一，硬件问题。例如，计算机、网络设备等硬件设施本身性能的优劣直接决定了网络运行的安全可靠性程度。其结构设计、芯片固化程序及硬件实体耐用性等方面的不足均可导致网络运行过程中出现稳定性、可靠性、安全性问题。

第二，软件问题。操作系统是计算机系统中的一个系统软件，操作系统作为软件开发人员编制程序的组合体，设计功能模块日趋复杂化，有时存在模块之间的全

---

[1] 谢玮. 点赞！我国网络安全保障能力有效提升[N].中国电子报，2017-08-09.
[2] 庄荣文. 深入学习贯彻党的十九届五中全会精神 大力提升网络强国建设的能力和水平[N].学习时报，2021-02-05.

第四章 完善网络交易中消费者隐私权保护的路径

局兼容性问题,系统漏洞缺陷无法完全避免。操作系统运行过程中异常终止,会造成数据破坏,信息丢失。若系统被不明程序侵入,系统信息会被外部不正当获取。

除了这些系统内部的原因,自然灾害、意外事故及人为方面的原因也会影响网络安全。[1] 因此,在网络监控方面,无论是软件系统还是硬件系统都切实需要相关技术提升。[2] 为确保隐私信息的网络安全,有效进行介入控制,防止信息数据被非授权泄露、更改、控制,保障网络信息的保密性、完整性、可控性等安全属性,必须从信息网络系统的硬件、软件及数据三方面着手,综合采用包括物理安全分析技术、网络结构安全分析技术、系统安全分析技术、管理安全分析技术,以及其他的安全服务和安全机制策略在内的网络安全技术,构建多层次、立体化网络安全防范的体系。[3]

在技术方面,隐私保护的研究领域主要关注基于数据失真的技术、基于数据加密的技术和基于限制发布的技术。基于数据失真的技术通过添加噪音等方法,使敏感数据失真但同时保持某些数据或数据属性不变,仍然可以保持某些统计方面的性质。基于数据加密的技术采用加密技术在数据挖掘过程隐藏敏感数据的方法,包括安全多方计算(SMC)。基于限制发布的技术通过有选择地发布原始数据、不发布或者发布精度较低的敏感数据,实现隐私保护,包括 K-匿名(K-anonymity)、L-多样性(L-diversity)、T-保密(T-closeness)。但这些传统隐私保护模型均有缺陷,成为当前隐私研究的热点,并引起了理论计算机科学、数据库、数据挖掘和机器学习等多个领域的关注的差分隐私(Differential Privacy,DP)隐私保护模型。[4] 除了信息安全技术,电子商务信息安全在很大程度上取决于电子商务信息安全协议。

---

1 夏建群. 网络隐私权保护的对策探讨[J]. 广州大学学报(社会科学版),2017,16(9):42.

2 卢萌萌. 浅析网络消费者隐私权保护缺失及对策——以淘宝网为例[J]. 中国商论,2015(7):152.

3 兰巨龙,程东年,刘文芬,等. 信息网络安全与防护技术[M]. 北京:人民邮电出版社,2014:12-13.

4 丁丽萍. 大数据环境下的隐私保护技术[EB/OL].(2015-06-01) [2020-08-07]. http://www.cac.gov.cn/ 2015-06/01/c_1115473995.htm.

电子商务信息安全协议包括安全套接层协议、安全电子交易协议、安全超文本传输协议、安全交易技术协议和联合国用于行政、商业和运输业的电子数据交换手册（UN/EDIFACT）标准。安全套接层协议主要是用来提高数据应用的安全系数。安全电子交易协议已成为全球网络的行业标准，它是基于电子支付系统，用于在线交易。安全超文本传输协议为互联网信息传输提供了完整性、不可否认性、保密性，依靠加密密钥，保证了网站信息的安全交换。联合国用于行政、商业和运输业的电子数据交换手册（UN/EDIFACT）是电子商务的唯一国际标准。[1]

电子商务获得良性发展的关键步骤是电子支付中相关参与者的信息安全。[2] 在电子商务得到推广后，电子支付将以数字化货币的形式在网上流动，进行在线交易和支付。网络应确保电子商务参与者的电子货币不遗失、不被盗。这有赖于对电子货币使用者的个人信息进行全面保护。[3]

《关于加强国家网络安全标准化工作的若干意见》第9条指出："提高标准先进性。紧密跟踪网络安全技术和信息技术发展趋势，及时转化科技创新成果，提升标准的科技含量和技术水平。缩短标准制修订周期，原则上不超过2年，确保标准及时满足网络安全保障、新兴技术与产业发展的需求。"可见，相关技术内容有时也会被转化为具有普遍适用性的正式文件的内容，这也意味着应当加快推进我国网络安全技术的深化改革。

第六节　加强消费者教育，提高消费者自我保护意识

根据企鹅智库发布的2019年《网上315：中国网民消费维权调查报告》显示，对于APP安装和注册过程中，需要用户授权的各种权限和服务条款，绝大多数网民没有给予足够的重视。56.7%的网民不会关注和阅读，直接勾选确认；另外39.7%网

---

1 杨卫华. 论网络消费者隐私权的保护[J]. 职业，2014（11）:157.
2 谭建初，李政辉. 论互联网中的隐私权——由一则案例谈起[J]. 河北法学，2001（2）：106.
3 谭建初，李政辉. 论互联网中的隐私权——由一则案例谈起[J]. 河北法学，2001（2）：107.

第四章 完善网络交易中消费者隐私权保护的路径

民会简单粗略地看一下。认真阅读相关协议条款的网民仅有3.6%。这是一个让人担心的数字。当我们关注互联网信息安全时,除了产品和平台方的监管和自律,提升全民的信息安全意识,养成良好的使用习惯同样重要。

消费者是网络消费的主体,是推动网络虚拟经济发展的主导动力,消费者的消费方向、消费金额和消费动力都是网络经济发展的导向。当消费者存在薄弱的保护隐私的意识时,隐私权就容易被泄露或非法利用。[1]所有的权利都是通过不断的努力自我维护才得以确保的,消费者权利也不例外。若消费者自己认识不到所拥有的权利,也没有不断地努力去维护,最终权利将会变为虚幻的权利。[2]

消费者在网络交易中应当自身加强防范,主要包括:①积极了解、熟知有关网络消费者隐私权保护的相关法律条例,善于用法律武器捍卫自己的利益而不是采取消极的"自认倒霉"的处理方式。[3]②提高网络安全意识。在计算机上安装防病毒软件、防木马软件或者防火墙,并对病毒库及时更新。应当尽量在私人计算机上进行信息注册和买卖交易等操作,避免在公共计算机上使用网上银行等支付工具。③消费者在网络上购买商品时,应选择大型的、正规的购物网站,并且寻找信誉度较高的卖家。[4]在进行交易前一定要认真阅读该网络交易平台的个人资料的声明或隐私政策等格式条款,在完全理解其内容的基础上点击"同意"键。当消费者点击了"是"或"同意"键时,就意味着双方之间就该协议内容达成了一致。也就是说不论消费者的选择是否是在认真阅读了该协议内容的基础上做出的,该协议内容都会对双方发生效力,消费者事后不能以自己没有看到协议或没有完全明白协议内容为由予以否定。例如,在"顾某与某软件有限公司A、某科技有限公司B隐私权纠纷案"中,法院认为:根据已查明的事实,某软件已在安装许可协议进行了相关事

---

[1] 李昀宸. 论网络环境下消费者隐私权的保护[J]. 法制与社会,2020(17):14.
[2] 新野幸次郎,神戸都市問題研究所. 消費者問題の理論と実践[M]. 東京:勁草書房,2011:158.
[3] 卢萌萌. 浅析网络消费者隐私权保护缺失及对策——以淘宝网为例[J]. 中国商论,2015(7):152.
[4] 沈颖,王川. 网络交易环境下消费者隐私权的保护[J]. 中国商贸,2011(15):115.

项的告知,在安装过程中亦有"用户隐私保护"提示,并对用户体验计划做了相关说明。顾某下载安装某软件,并加入用户体验计划,表明其已接受了该软件的安装许可协议,对参加用户体验计划的事项亦是明知和同意的,故本院认为,顾某实际上已授予某软件收集其相关网页浏览数据的权利。现顾某并未提供充分有效的证据证明某软件超出协议条款范围收集其私人信息,故其关于隐私权受侵犯的主张不能成立。④申请一张专门的银行卡进行网上支付,使用电子证书、U 盾、动态密码或者消费短信提示等服务保障网上银行的支付安全。[1] 用于网上支付的银行卡内尽量保持少量的钱款或每次交易结束后及时取消关联。⑤收到的垃圾短信直接删除,收到的垃圾邮件不打开,直接删除,骚扰电话和发送短信的手机号码直接拉入黑名单。如果发生因不小心点击了垃圾短信或垃圾邮件中的链接而遭受损害等情况时,及时向消费者协会或有关部门投诉或举报,同时注意保留相关证据。

  网络交易与信息安全的维护是一个庞杂的系统工程,仅靠立法、司法及其他监管部门的努力,以及经营者自觉和行业自律规范,尚不足以完全解决网络安全及信息保护中存在的问题。广大消费者也应当在每一次网络交易中尽到谨慎的注意义务,避免和减少网络隐私权侵害的发生。事实上,当消费者在网络交易中未尽到谨慎的注意义务时,也会承担不利后果。例如,在"周某、某电子商务有限公司网络侵权责任纠纷案"中,一审法院认为:周某作为消费者,也应当具有小心谨慎的注意义务,但其在和"售后楚楚"的聊天过程中,不但将户名、银行账号发给"售后楚楚",还将收到的动态密码发送给"售后楚楚",以至于账户内的金额被转走,周某自身也存在过错,应减轻某电子商务有限公司的责任承担。

  消费者团体是应维护消费者权益的需要而出现的主体,维护消费者权益是消费者团体与生俱来的义务。因此,加强消费者团体的应对能力,应朝着为了更好地维护消费者权益的方向进行。消费者团体在通过加强与消费者之间的联络、支援消费者权益的实现及积极进行消费者教育等方式处理好与消费者之间的关系的同时,应

---

[1] 沈颖,王川. 网络交易环境下消费者隐私权的保护[J]. 中国商贸,2011(15):115.

第四章　完善网络交易中消费者隐私权保护的路径

代替消费者处理好与消费法律关系中的其他主体之间的关系。[1]应当参与电子商务平台经营者规则制定中关于消费者隐私权保护的权益保障工作，尤其注意格式条款中要明确提醒消费者注意分析隐私权政策的内容。同时，消费者权益保护协会还要举行定期与不定期相结合的网络隐私权保护知识和技能的宣传、培训工作，切实提升消费者网络隐私权保护的意识和能力。[2]回顾世界消费者权益保护法的发展历程会发现，每一次的消费者权益保护法的大发展都是由消费者运动的兴起开始的。消费者运动的兴起会引起一国或国际组织对某一问题的关注，然后由各国及国际组织研究如何应对该问题，最终做出相应的立法或管理决定。我国消费者应当肩负推进我国消费者权益保护立法的伟大使命，用每一次的积极维权为我国的消费者权益保护立法事业做出贡献。

第七节　推动国际协作

2015年12月16日，习近平总书记在第二届世界互联网大会开幕式上的讲话中指出："网络空间是人类共同的活动空间，网络空间前途命运应由世界各国共同掌握。各国应该加强沟通、扩大共识、深化合作，共同构建网络空间命运共同体。"《网络空间国际合作战略》全面宣示中国在网络空间相关国际问题上的政策立场，系统阐释中国开展网络领域对外工作的基本原则、战略目标和行动要点，旨在指导中国今后一个时期参与网络空间国际交流与合作，推动国际社会携手努力，加强对话合作，共同构建和平、安全、开放、合作、有序的网络空间，建立多边、民主、透明的全球互联网治理体系。[3]中国始终是世界和平的建设者、全球发展的贡献者、国际秩序的维护者。中国坚定不移走和平发展道路，坚持正确义利观，推动建立合作共赢的新型国际关系。中国网络空间国际合作战略以和平发展为主题，以合作共

---

[1] 朴成姬. 消费者问题中的当事人构造的再研讨：以中日韩三国消费者保护相关法制的比较为中心[M]. 北京：中国检察出版社，2016：295.

[2] 周晓金，张科. 消费者网络隐私权浅议[J]. 合作经济与科技，2020（3）：187.

[3] 引自《网络空间国际合作战略》"序言"部分。

赢为核心，倡导和平、主权、共治、普惠作为网络空间国际交流与合作的基本原则。[1]

互联网本身的全球性、无国界性特点及经济的区域化和全球化的发展决定了网络隐私权保护绝非一国范围内的问题，而是需要全世界各国共同解决的国际性问题。从消费者角度而言，很多时候出于消费需求会通过网络购买海外产品，这就难免会给海外企业侵害其隐私权提供机会。从经营者角度而言，特别是那些已成规模的大型公司，国内市场已无法满足自身发展的需要，便会不断地向外发展。但在此过程中，各国隐私权法的差异构成了企业跨境个人数据传输的障碍。要求企业在进行数据传输时同时遵守不同法域的隐私权法是繁苛的负担，这是因为不同法域之间的法律标准可能不同，企业甚至在从事一些日常运营活动时都需要获得多个行政许可。[2] 2020年11月23日至24日，以"数字赋能 共创未来——携手构建网络空间命运共同体"为主题的2020年世界互联网大会·互联网发展论坛在浙江乌镇举行。携手构建网络空间命运共同体，表明了我国希望国际社会加强互联网空间合作的意愿。在互联网空间国际合作方面，最大制约因素可能是互联网领域发展的不平衡、规则的不健全、秩序的不合理等问题，国家和地区间的"数字鸿沟"不断拉大，全球互联网基础资源管理体系难以反映大多数国家意愿和利益等。要解决这些问题，还是需要国际社会的合作。国际社会应本着相互尊重、互谅互让的精神，开展对话与合作，以规则为基础实现网络空间全球治理，特别是应加大对发展中国家在网络能力建设上的资金和技术援助，帮助他们抓住数字机遇，跨越"数字鸿沟"。[3]

无论是消费者还是经营者，网络交易是他们能够实现以低成本跨国消费或经营的最好途径，也是实现经济全球化、全世界人民共同幸福目标的有效途径。只要能够保障消费者在网络交易中的隐私权及其他合法权益的实现，网络交易对各国企业及消费者而言都是能够双赢的好事情。因此，在消费者隐私保护问题上，各国应当

---

[1] 引自《网络空间国际合作战略》"第二章 基本原则"部分。
[2] 周辉，孟兆平，敖重淼，等. 网络环境下消费者数据的隐私保护——在全球数字经济背景下保护隐私和促进创新的政策框架[J]. 网络法律评论，2013，16（1）：205.
[3] 兰辛珍. 世界互联网大会，加强互联网国际合作[N]. 北京周报，2020-11-24.

加强立法与执法协作,在隐私权立法上应当努力制定统一的规则,在执法方面相互承认,为全球网络交易的顺利发展提供最优的法律环境,让全世界消费者都能够在网络交易中享受愉快的消费体验。

参考文献

一、中文文献

（一）中文著作

[1] 张新宝. 隐私权的法律保护[M]. 北京：群众出版社，1997.

[2] 沃克. 牛津法律大辞典[M]. 李双元，等，译. 北京：法律出版社，2003.

[3] 佟柔. 中国民法学 民法总则[M]. 北京：中国人民公安大学出版社，1990.

[4] 王利明. 人格权法新论[M]. 长春：吉林人民出版社，1994.

[5] 王利明. 民商法研究. 第5辑[M]. 北京：法律出版社，2014.

[6] 肖岳峰，蒋琼. 信息产业法律环境研究[M]. 北京：电子工业出版社，2010.

[7] 王利明，杨立新. 人格权与新闻侵权[M]. 北京：中国方正出版社，1995.

[8] 崔聪聪，巩姗姗，李仪，等. 个人信息保护法研究[M]. 北京：北京邮电大学出版社，2015.

[9] 中国法制出版社. 中华人民共和国消费者权益保护法[M]. 北京：中国法制出版社，2009.

[10] 齐爱民，徐亮. 电子商务法原理与实务[M]. 武汉：武汉大学出版社，2001.

[11] 兰巨龙，程东年，刘文芬，等. 信息网络安全与防护技术[M]. 北京：人民邮电出版社，2014.

[12] 王俊豪. 政府管制经济学导论——基本理论及其在政府管制实践中的应用[M]. 北京：商务印书馆，2001.

[13] 朴成姬. 消费者问题中的当事人构造的再研讨：以中日韩三国消费者保护相

关法制的比较为中心[M]. 北京：中国检察出版社，2016.

[14] 李昌麒，许明月. 消费者保护法[M]. 北京：法律出版社，1997.

[15] 张严方. 消费者保护法研究[M]. 北京：法律出版社，2003.

[16] 史际春. 经济学教学参考书[M]. 北京：法律出版社，2000.

[17] 潘静成，刘文华. 中国经济法教程[M]. 3 版. 北京：中国人民大学出版社，1985.

[18] 杨紫烜. 经济法[M]. 北京：高等教育出版社，北京大学出版社，1999.

[19] 杨紫烜，徐杰. 经济法学[M]. 3 版. 北京：北京大学出版社，2001.

[20] 吴宏伟. 经济法[M]. 北京：中国人民大学出版社，2003.

[21] 田文英，宋亚明，王晓燕. 电子商务法律概论[M]. 西安：西安交通大学出版社，2000.

[22] 中国法制出版社. 中华人民共和国民法典[M]. 北京：中国法制出版社，2020.

[23] 王利明. 电子商务法研究[M]. 北京：中国法制出版社，2003.

[24] 郭懿美. 电子商务法律与实务[M]. 北京：科学出版社，2004.

[25] 方流芳. 法大评论. 第 4 卷 [M]. 北京：中国政法大学出版社，2005.

（二）中文论文

[1] 杨立新. 网络交易平台提供者民法地位之展开[J]. 山东大学学报（哲学社会科学版），2016（1）：23-33.

[2] 王利明. 隐私权的新发展[J]. 人大法律评论，2009（1）：3-27.

[3] 孙丽. 网络隐私研究回顾与前瞻[J]. 青年记者，2019（21）：67-68.

[4] 梁顺. 论隐私权的法律保护[J]. 法制与经济，2019（6）：161-162.

[5] 田晟. 西方政务公开和隐私权的由来[J]. 新民周刊，2013（25）：36-38.

[6] 谭建初，李政辉. 论互联网中的隐私权——由一则案例谈起[J]. 河北法学，2001（2）：105-110.

[7] 翟羽艳. 中国隐私权司法保护的实证分析与未来发展[J]. 学术交流，2020（1）：123-130.

[8] 王冠. 论人格权（上）[J]. 政法论坛, 1991（3）: 47-53.

[9] 刘德良. 论隐私权[J]. 新疆大学学报（社会科学版）, 2003（2）: 50-55.

[10] 周晓金, 张科. 消费者网络隐私权浅议[J]. 合作经济与科技, 2020（3）: 186-187.

[11] 朱理. 网络隐私权的保障与冲突[J]. 网络法律评论, 2001, 1（0）: 230-241.

[12] 王利明. 隐私权概念的再界定[J]. 法学家, 2012（1）: 108-120, 178.

[13] 张红. 民法典之隐私权立法论[J]. 社会科学家, 2019（1）: 7-21.

[14] 王娟. 论隐私权的独立性[J]. 法律适用, 2012（2）: 85-87.

[15] 王利明. 重新认识"消费者"[J]. 北京工商, 2003（12）: 11-14.

[16] 王利明. 生活安宁权: 一种特殊的隐私权[J]. 中州学刊, 2019（7）: 46-55.

[17] 刁胜先. 论个人信息权的权利结构——以"控制权"为束点和视角[J]. 北京理工大学学报（社会科学版）, 2011, 13（3）: 92-96, 102.

[18] 王希. 网络环境下的消费者隐私权保护[J]. 法制与经济（下旬）, 2011（1）: 98-99.

[19] 鞠晔. 论消费者网络隐私权的法律保护[J]. 法制与社会, 2011（32）: 109-110.

[20] 王桦宇, 李想. 运用法律完善互联网行业监管[J]. 检察风云, 2019（14）: 18-19.

[21] 秦祖伟. 论网络时代个人隐私权的保护[J]. 经济与社会发展, 2005（10）: 104-107.

[22] 申自强. 新媒体时代网络隐私权的法律保护原则[J]. 传媒, 2014（10）: 75-76.

[23] 阮新新. 论网络时代消费者隐私权的保护[J]. 经济问题探索, 2005（6）: 105-107.

[24] 周辉, 孟兆平, 敖重森, 等. 网络环境下消费者数据的隐私保护——在全球数字经济背景下保护隐私和促进创新的政策框架[J]. 网络法律评论, 2013, 16（1）: 193-218.

[25] 曹利民. 浅析网络购物中消费者权益的法律保护问题[J]. 科技经济导刊, 2016（31）: 253.

[26] 黄倩. 个人信息保护立法为何这么难：访北京邮电学网络法律研究中心主任刘德良[J]. 方圆法治, 2011（6）：28-30.

[27] 卢艳宁. 个人信息采集及个人隐私权的法律保护[J]. 法制与经济（下旬）, 2010（10）：52-54, 56.

[28] 张笑星. 浅析网络消费中消费者隐私权的保护[J]. 河北农机, 2019（7）：73-74.

[29] 胡淑红, 刘建兰, 黄云. 论电子商务中网络隐私安全的保护[J]. 企业经济, 2006（11）：149-151.

[30] 卢萌萌. 浅析网络消费者隐私权保护缺失及对策——以淘宝网为例[J]. 中国商论, 2015（7）：151-153.

[31] 齐恩平. 论网上交易合同中对消费者个人信息隐私权的侵害及保护[J]. 当代法学, 2002（10）：137-139.

[32] 朴成姬. 消费者权利性质与保护路径研究——从民法典与单行法的关系切入[J]. 苏州大学学报（哲学社会科学版）, 2020, 41（1）：87-94, 191.

[33] 李海霞, 罗玙, 诸雪晴. 论消费者的弱势地位[J]. 消费导刊, 2010（6）：249-250.

[34] 马家昱. 论消费者的弱势地位及其法律矫正[J]. 西部法学评论, 2008（5）：83-86.

[35] 李海霞, 张熙, 杨少英. 论消费者弱势地位的法律平衡[J]. 法制与社会, 2011（20）：178-179.

[36] 陈东健, 周芳. 消费者主权的实现与消费者权益的保护[J]. 铁道师院学报, 1997（5）：135-136.

[37] 李海霞. 论消费者的弱势地位[J]. 中国商贸, 2012（12）：249-250.

[38] 方金华, 陈炼星. 网络隐私权法律保护研究——以国外网络隐私权的法律保护为例[J]. 华南农业大学学报（社会科学版）, 2018（1）：119-126.

[39] 张璐. 论网络交易中消费者隐私权及法律保护[J]. 法制与经济, 2019（1）：87-88.

[40] 汤啸天. 网络空间的个人数据与隐私权保护[J]. 政法论坛, 2000（1）：32.

[41] 庞敏英. 电子商务中的消费者权益保护问题研究[J]. 河北法学，2005（7）：148-153.

[42] 李和林. 网络交易中消费者隐私权保护研究[J]. 兰州教育学院学报，2016，32（1）：157-158.

[43] 李学稳，陈燕玲. 试论网络环境中消费者隐私权的法律保护[J]. 天津市财贸管理干部学院学报，2003（2）：35-38.

[44] 杨卫华. 论网络消费者隐私权的保护[J]. 职业，2014（11）：156-158.

[45] 李昀宸. 论网络环境下消费者隐私权的保护[J]. 法制与社会，2020（17）：13-14.

[46] 程恺，叶敏. 网络购物消费者维权机制探讨[J]. 中国商论，2017（23）：20-23.

[47] 胥白，朱勇. 论电子商务与消费者隐私权保护[J]. 山东社会科学，2005（10）：110-111.

[48] 于志刚，吴尚聪. 我国网络犯罪发展及其立法、司法、理论应对的历史梳理[J]. 政治与法律，2018（1）：59-78.

[49] 杨立新. 网络平台提供者的附条件不真正连带责任与部分连带责任[J]. 法律科学（西北政法大学学报），2015，33（1）：166-177.

[50] 孟友媛. 试论网络营销在我国的发展及其思考[J]. 商场现代化，2008（28）：37-38.

[51] 刘志娟. 个人网店商事主体地位辨析[J]. 重庆邮电大学学报（社会科学版），2013，25（4）：46-54.

[52] 吴仕清，丁国民. 论网络交易平台经营者的法律责任[J]. 哈尔滨学院学报，2016，37（7）：37-42.

[53] 赵丽琴. 消费者网购过程中的隐私权界定及保护体系建设[J]. 商业时代，2014（31）：120-121.

[54] 钱力. 网络交易消费者隐私权的立法保护[J]. 中国商贸，2014（31）：76-77.

[55] 殷国伟，陆慧. 论网络隐私权的立法保护[J]. 行政与法，2007（2）：91-95.

[56] 张彩霞. 论我国网络隐私权的法律保护[J]. 法制与社会, 2009 (6): 356.

[57] 管家娃, 张玥, 朱庆华. 国外社交网站隐私悖论问题研究综述与国内研究建议[J]. 图书情报工作, 2016, 60 (22): 126-134.

[58] 薛虹. 电子形式的交易及其法律效力[J]. 电子知识产权, 2000 (12): 51-53.

[59] 郎庆斌. 国外个人信息保护模式研究[J]. 信息技术与标准化, 2012 (Z1): 22-36, 32.

[60] 谢青. 日本的个人信息保护法制及启示[J]. 政治与法律, 2006 (6): 152-157.

[61] 沈颖, 王川. 网络交易环境下消费者隐私权的保护[J]. 中国商贸, 2011 (15): 155, 241.

[62] 蒋敏. 论网络侵权案件中司法管辖权的确认[J]. 重庆邮电大学学报(社会科学版), 2007 (2): 43-47.

[63] 李鳕洋. 论网络交易纠纷中的法律适用[J]. 山东青年政治学院学报, 2013, 29 (4): 94-97.

[64] 夏建群. 网络隐私权保护的对策探讨[J]. 广州大学学报(社会科学版), 2017, 16 (9): 41-46.

[65] 江雯雯. 论网络环境下隐私权的法律保护[J]. 职工法律天地, 2018 (14): 143.

[66] 兰卓. 网络空间个人信息的保护问题研究——兼论电子商务营销过程中消费者的隐私权保护[J]. 行政与法(吉林省行政学院学报), 2006 (3): 121-123.

[67] 彭玉勇. 论网络服务提供者的权利和义务[J]. 暨南学报(哲学社会科学版), 2014, 36 (12): 67-82, 156-157.

[68] 孙铁成. 计算机时代的隐私权[J]. 法学, 1997 (11): 25-27.

[69] 刁生富, 赵亚萍. 网络环境下精准定向广告推送与隐私权保护[J]. 淮阴师范学院学报(哲学社会科学版), 2018, 40 (5): 524-527, 540.

[70] 秦天宁. 从美国安全港提议透析我国的网络隐私权保护模式[J]. 法制与社会, 2007 (9): 196-197.

[71] 项定宜. 比较与启示: 欧盟和美国个人信息商业利用规范模式研究[J]. 重庆

邮电大学学报（社会科学版），2019，31（4）：44-53.

[72] 武思萌. 网络购物消费者权益保护调查研究[J]. 法制博览，2018（33）：120-121.

二、外文文献

（一）外文著作

[1] WESTIN A F. Privacy and Freedom[M]. New York: Atheneum, 1967.

[2] 新野幸次郎，神戸都市問題研究所. 消費者問題の理論と実践[M]. 東京：勁草書房，2011.

[3] 大村敦志. 消費者法[M]. 4 版. 東京：有斐閣，2011.

[4] 若原紀代子. 民法と消費者法の交錯[M]. 東京：成文堂，1999.

[5] 落合誠一，及川昭伍，国民生活センター. 新しい時代の消費者法[M]. 東京：中央法規出版，2001.

[6] 竹内昭夫. 消費者保護法の理論[M]. 東京：有斐閣，1995.

[7] 佐藤祐介，松岡勝実. 消費者市民社会の制度論[M]. 東京：成文堂，2010.

[8] 森泉章，池田真朗. 消費者保護の法律問題[M]. 東京：勁草書房，1994.

[9] 正田彬. 消費者の権利（新版）[M]. 東京：岩波書店，2010.

[10] 大村敦志. 消費者・家族と法[M]. 東京：東京大学出版会，1999.

[11] 中村年春，永田均. 企業行動と現代消費者法のシステム[M]. 東京：中央法規出版株式会社，2003.

[12] 周勇兵. 消費者私法の比較法的研究―日中の比較を通じて―[M]. 岡山：大学教育出版，2011.

[13] 下垣内博. 消費者運動―その軌跡と未来[M]. 東京：大月書店，1994.

[14] 多田吉三，大久保克子，片山美智恵，等. 消費者問題[M]. 東京：晃陽書房，1995.

[15] 石田英雄. クレームに学ぶ　食の安全[M]. 九州：海島社，2005.

参考文献

[16] サースク，三好洋子. 消費社会の誕生—近世イギリスの新企業[M]. 東京：東京大学出版会，1984.

[17] 北川善太郎，及川昭伍. 消費者保護法の基礎（基礎法律学大系—実用編（34））[M]. 東京：青林書院新社，1977.

（二）外文论文

[1] 臼井雅子. 個人情報保護、プライバシー権および権利主体の行方に関する一考察[J]. 大学紀要，2011（2）：199-215.

[2] PROSSER W L. Privacy[J]. California Law Review，1960（48）：383-389.

[3] 李種仁，細川幸一. 韓国における消費者政策の進展と日本への示唆[J]. ESP，2005（2）：78-81.

[4] 謝黎. 中国における消費者保護関係法としての《食品衛生法》[J]. 大阪府立大学経済研究. 1999，45（4）：99-114.

[5] 金子晃. 独占禁止法と消費者保護[J]. ジュリスト増刊総合特集 13 消費者問題，1979：185-194.

[6] 加藤一郎. 消費者行政に限界はあるか[J]. ESP，1978，5：6.

[7] 高橋明子. 企業の消費者対策の再検討[J]. ジュリスト増刊総合特集 13 消費者問題，1979：86-87.

[8] 宮沢健一. 経済構造における消費者の地位[J]. ジュリスト増刊総合特集 13 消費者問題，1979：34.

[9] 細川幸一. 消費者基本法における『消費者の権利』の権利性について[J]. 日本女子大学紀要　家政学部，2006，53：139-150.